符秋虹◎著

民间青花

有传承

赋彩蕴育求创新

小学艺术青花线描特色课程开发与实践

MINJIAN QINGHUA YOU CHUANCHENG FUCAI YUNYU QIU CHUANGXIN

哈尔滨出版社

H.P.H

HARBIN PUBLISHING HOUSE

图书在版编目（CIP）数据

民间青花有传承　赋彩蕴育求创新：小学艺术青花
线描特色课程开发与实践 / 符秋虹著 . -- 哈尔滨：哈
尔滨出版社，2024. 7. -- ISBN 978-7-5484-8103-4

Ⅰ . G623.752

中国国家版本馆 CIP 数据核字第 202454DR69 号

书　　名：民间青花有传承　赋彩蕴育求创新：小学艺术青花线描
　　　　　特色课程开发与实践
　　　　　MINJIAN QINGHUA YOU CHUANCHENG　FUCAI YUNYU QIU CHUANGXIN:
　　　　　XIAOXUE YISHU QINGHUA XIANMIAO TESE KECHENG KAIFA YU SHIJIAN

作　　者：符秋虹　著
责任编辑：韩伟锋
封面设计：国培图书

出版发行：哈尔滨出版社（Harbin Publishing House）
社　　址：哈尔滨市香坊区泰山路82-9号　　　邮编：150090
经　　销：全国新华书店
印　　刷：武汉颜沫印刷有限公司
网　　址：www.hrbcbs.com
E-mail：hrbcbs@yeah.net
编辑版权热线：（0451）87900271　87900272

开　　本：710mm×1000mm　1/16　印张：13.5　字数：210千字
版　　次：2024年7月第1版
印　　次：2024年7月第1次印刷
书　　号：ISBN 978-7-5484-8103-4
定　　价：70.00元

凡购本社图书发现印装错误，请与本社印制部联系调换。
服务热线：（0451）87900279

青花，一种深植于中国传统文化的艺术形式，以其独特的艺术风格和深厚的文化内涵，一直为世界所瞩目。青花线描，更是这一艺术形式中的精髓，它用简洁的线条勾勒出复杂的世界，既体现了艺术的简约之美，又蕴含着中国传统文化的深邃意境。然而，在现代化进程的冲击下，这一传统艺术逐渐失去了在年轻一代中的影响力。正是在这样的背景下，我们研发了小学艺术青花线描特色课程，旨在通过这一课程，让孩子们重新认识和了解青花线描，进而传承和发扬这一传统艺术形式。

在浩如烟海的艺术长河中，青花线描以其独特的艺术形式和深邃的文化内涵，一直为中国传统文化增添着绚丽的色彩。它用简洁的线条，勾勒出世间万物的神韵，既展现了艺术的简约之美，又透露出中国传统文化的博大精深。然而，在现代社会的快速发展中，我们不难发现，这一传统艺术形式在年轻一代中的影响力正逐渐减弱。为了重新点燃孩子们对青花线描的热爱，我们精心研发了小学艺术青花线描特色课程。

本书是我们对传统艺术与现代教育结合的一次深入探索。在这里，我们希望通过系统的课程设计和实践，将青花线描的魅力展现给每一位小学生，让他们在艺术的熏陶中感受中国传统文化的博大精深。

青花线描特色课程的研发，不仅是对传统文化的传承，更是对孩子们审美能力和创造力的培养。在这一课程中，孩子们将通过亲手绘制青花线描，学会如何用简单的线条表达复杂的事物，如何在简约中见精致，如何在细致中体悟文化的深邃。这不仅是一次艺术的旅程，更是一次心灵的洗礼。

本书的内容涵盖了青花线描的各个方面，从艺术背景到基础教学，从课程实践到创新方法的探索，每一章节都凝聚了我们对青花线描艺术的热爱和对教育事业的执着。我们希望，通过这本书，能够引领更多的孩子走进青花线描的世界，感受那份独特的艺术魅力。

当然，我们也深知，传承与创新是相辅相成的。在传承青花线描这一传统艺术的过程中，我们也在积极探索与现代科技、现代教育理念的结合点，以期在创新中发展，在发展中传承。

面向未来，我们对青花线描特色课程充满了期待。我们相信，随着课程的深入推广和实践，会有更多的孩子了解和喜爱青花线描，这一传统艺术形式也将在新的时代背景下焕发出新的生机与活力。我们也期待更多的教育工作者和孩子们能够加入到青花线描的学习和传承中来，共同为这一传统艺术形式注入新的活力和创意。

让我们携手努力，以青花线描为桥梁，连接过去与未来，传承与创新，为孩子们打造一个充满艺术气息和文化底蕴的学习环境。让他们在青花线描的世界里自由翱翔，感受中国传统文化的独特魅力和生命力。我们也期待通过不断探索和实践，将青花线描与现代教育理念更加紧密地结合起来，为孩子们提供更加优质、全面的艺术教育。也让他们在艺术的熏陶中不断成长，成为具有审美情趣和创造力的新一代青少年。

在未来的日子里，我们将继续关注青花线描特色课程的发展与实践，不断探索新的教学方法和理念，为孩子们提供更加丰富多彩的艺术学习体验。让我们携手共进，为传承和发扬中国传统文化而努力奋斗！

符秋虹

2024 年 5 月于深圳

目 录
CONTENTS

第一章

小学美术特色课程定位与追求

在当今这个多元化、信息化的时代，小学美术教育正面临着前所未有的机遇与挑战。随着新课改的深入推进，小学美术课程的教学理念、方法和目标都在发生着显著的变化。这些变化不仅体现在教学内容的更新上，更在于教学方式的革新和教育理念的升华。

小学美术课程教学的新特点与新趋势，正如同春天的嫩芽，悄然展露出新时代教育的生机与活力。我们不再满足于传统的填鸭式教学，而是更加注重学生的主体地位，倡导探究式、合作式的学习方式。这一转变不仅仅是教学方法上的革新，更是教育理念的飞跃。它要求每一位教育工作者，都要以全新的视角去审视美术教学，以更加开放的心态去拥抱变化，以更加灵活的方式去引导学生发现美、创造美。

同时，美术课程的核心素养也逐渐成为我们关注的焦点。这一素养不仅仅包括基本的绘画技能和审美能力，更涵盖了创新思维、文化理解、团队协作等多个方面。这些核心素养的培养，需要我们精心设计每一节课，让学生在动手操作、观察思考中逐步提升。这不仅是美术教学的目标，更是新时代人才培养的重要方向。

在传统与现代交融的今天，传统艺术文化育人的时代追求也愈发凸显其重要性。我们深知，传统文化是民族的根基，是精神的寄托。因此，在美

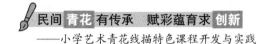
术教学中融入传统文化元素，让学生在笔墨纸砚间感受中华文明的厚重与博大，增强学生的文化自信，培养他们的民族自豪感和历史使命感，成为我们义不容辞的责任。

站在新时代的起点上，我们深知小学美术教育的重要性与紧迫性。我们要以更加开放的视野、更加创新的精神、更加扎实的工作，推动小学美术教育的蓬勃发展。让每一位学生在美术的海洋中畅游，感受艺术的魅力与力量；让他们在创造与欣赏中不断成长，成为新时代有理想、有本领、有担当的美好少年。

小学美术特色课程的定位与追求，正是基于这样的时代背景和教育理念而展开的。我们不仅要关注学生的美术技能培养，更要注重他们的全面发展和个性张扬。通过丰富多彩的美术教学活动，激发学生的创造力和想象力，培养他们的审美情趣和人文素养。我们也要深入挖掘传统艺术文化的瑰宝，让学生在传承与创新中感悟中华文明的深邃与博大。

美术，作为人类文明的瑰宝，承载着无尽的想象与创造。小学美术教育，更是孩子们接触艺术、理解艺术、创造艺术的起点。在这个充满变革的时代，让我们携手共进，以更加开放、创新、包容的心态，推动小学美术教育的繁荣发展，为孩子们的未来描绘出更加绚烂多彩的画卷！

第一节　小学美术课程教学新特点与新趋势

在当今的小学美术教学中，我们迎来了诸多创新的教学理念和模式。随着教育改革的深化，小学美术课程展现出学生主体性增强、以核心素养为导向、教学内容多样化等新特点，这些变革旨在培养学生的全面发展和个性化成长。通过生活化教学、传统文化融入、单元整体教学、校本特色课程开发、多元化评价以及项目式学习等方式，小学美术教学正迈向一个更加全面、创新、个性化的新时代。这些新趋势不仅丰富了美术课堂，更激发了学生的创造潜能和艺术热情，为他们的未来铺设了充满无限可能的道路。

一、小学美术课程教学新特点

（一）学生主体性增强

随着现代教育理念的逐步深入，学生的主体地位在小学美术教学中得到了前所未有的重视。这一转变不仅体现在教学方式的变革上，更是教育理念的一次重大升级。传统的教学模式下，教师往往是课堂的主导者，学生则处于被动接受的状态。然而，在现代小学美术教学中，这种传统的填鸭式教学已被逐渐摒弃，取而代之的是以学生为中心的教学理念。

在新的教学理念下，教师的角色发生了显著的变化，他们不再仅仅是知识的传递者，而是成为了学生学习活动的引导者、组织者和合作者。这意味着教师需要更多地关注学生的需求，了解他们的兴趣点和学习方式，从而制定出更加贴合学生实际的教学方案。教师还需要在课堂上营造出一种积极、开放的学习氛围，鼓励学生积极参与课堂活动，主动探索和发现美术知识。

学生主体性的增强，不仅体现在教师角色的转变上，还表现在学生自身的学习态度和行为上。在现代小学美术教学中，学生被赋予了更多的自主权和选择权。他们可以根据自己的兴趣和需求，选择适合自己的学习内容和方式。自主性的提升，极大地激发了学生的学习热情和积极性。他们开始主动参与到课堂活动中，积极思考和探索美术知识，从而提高了自己的自主学习能力。

学生主体性的增强还带来了另一个积极的影响，那就是学生之间的互动和合作变得更加频繁和深入。在传统的教学模式下，学生往往是孤立的个体，彼此之间缺乏有效的交流和合作。然而，在现代小学美术教学中，学生被鼓励进行小组合作、集体讨论等互动形式，这不仅有助于培养他们的团队协作精神，还能够提高他们的沟通能力和解决问题的能力。

（二）以核心素养为导向

在当今社会，核心素养已经成为教育领域的一个热门话题。特别是在小学美术教学中，以核心素养为导向的教学理念正逐渐深入人心。这一理念的提出，旨在培养学生的综合素质和能力，使他们能够更好地适应未来社会的发展需求。

核心素养是指学生在学习过程中逐渐形成的、适应个人终身发展和社会发展需要的必备品格和关键能力。在小学美术教学中，这些核心素养主要包括创新思维、审美能力、文化素养等。这些素养的培养，不仅有助于提高学生的美术技能，还能够为他们的全面发展打下坚实的基础。

在以核心素养为导向的小学美术教学中，教师不再仅仅关注学生的绘画技能和美术知识掌握情况，而是更加注重培养学生的创新思维和审美能力。他们通过设计富有挑战性的学习任务和项目，激发学生的探索欲望和创新精神。教师还注重引导学生欣赏和理解不同文化背景下的艺术作品，提高他们的文化素养和跨文化交流能力。

以核心素养为导向的教学理念，对小学美术教学产生了深远的影响。它促使教师不断反思和改进自己的教学方式和方法，以更加符合学生的实际需求和发展规律。他们开始主动参与到课堂活动中，积极思考和探索美术知识，从而提高了自己的学习效果和综合素质。

以核心素养为导向的小学美术教学并不是一蹴而就的，需要教师在教学过程中不断地调整和完善教学策略，以适应不同学生的需求和发展水平。学校和教育部门也需要加强对教师的培训和指导，提高他们的专业素养和教学能力。只有这样，我们才能真正实现以核心素养为导向的小学美术教学目标，培养出具有创新精神、审美能力和文化素养的全面发展的人才。

（三）教学内容多样化

在当今的小学美术教学中，教学内容的多样化已经成为一个显著的特点。多样化的教学内容不仅涵盖了传统的美术领域，如绘画、雕塑、手工制作等，还拓展了摄影、影像艺术等现代艺术形式。丰富多样的教学内容为学生提供了更加广阔的学习空间和选择余地，有助于培养他们的创新思维和审美能力。

传统美术领域的教学内容仍然占据着重要的地位，绘画、雕塑、手工制作等课程，不仅能够锻炼学生的动手能力，还能够培养他们的耐心和细致。在这些课程中，学生通过亲手实践，逐渐掌握各种材料和工具的使用方法，从而提高了自己的美术技能和创作能力。这些传统美术课程也有助于传承和弘扬中华民族的优秀传统文化，增强学生的文化自信和民族自豪感。

除了传统美术领域的教学内容外，现代艺术形式也逐渐融入小学美术教学中。摄影、影像艺术等课程的引入，使学生有机会接触到更加前沿和时尚的艺术形式。在这些课程中，学生不仅可以学习到摄影和影像制作的基本技能，还能够通过创作实践，表达自己的思想和情感。现代艺术形式的教学内容，不仅有助于培养学生的创新思维和审美能力，还能够拓宽他们的艺术视野和认知范围。

教学内容的多样化，还体现在对不同文化和艺术风格的包容和尊重上。在小学美术教学中，教师不仅引导学生欣赏和理解西方经典艺术作品，还注重介绍和展示中国传统艺术、民间艺术以及世界各地的艺术风格，可培养学生的全球视野和多元文化意识，提高他们的文化素养和审美能力。

（四）教学方法创新化

随着教育理念的不断进步，小学美术教学正迎来教学方法的创新化时代。这一变革旨在打破传统教学方法的束缚，引入更多元化、更具互动性的教学手段，从而有效激发学生的学习兴趣，培养他们的实践能力和团队协作精神。

在传统的教学模式下，模仿和重复练习是主导，学生往往只是被动地接受知识和技能。然而，现代小学美术教学正努力改变这一现状。通过运用情境教学、项目式学习、合作学习等新型教学方法，让学生在更广阔的学习空间中自由探索和实践。

情境教学是一种将学生置于具体情境中，通过模拟真实环境来促进学生学习的教学方法。在小学美术教学中，教师可以创设与美术创作相关的情境，如画室、艺术展览等，让学生在这些情境中感受艺术的魅力，激发他们的创作灵感，培养他们的想象力和创造力。

项目式学习是一种以学生为中心，以项目为驱动的教学方式。在小学美术教学中，教师可以设计一些具有挑战性的美术项目，如绘画创作、手工制作等，让学生在完成项目的过程中掌握知识和技能，强调学生的主动性和实践性，培养他们的解决问题能力。

合作学习是一种以小组为单位，通过学生间的互动和合作来促进学习的教学方法。在小学美术教学中，教师可以组织学生进行小组讨论、合作创作等活动，让他们在交流中互相学习、互相帮助，提升学生的沟通能力和团队协作精神。

创新化的教学方法为小学美术教学注入了新的活力，使课堂变得更加生动有趣。它们不仅能够激发学生的学习兴趣和积极性，还能够培养他们的实践能力和创新精神。这些教学方法也促进了教师与学生之间的互动和沟通，使教学更加贴近学生的实际需求和发展规律。

教学方法的创新化需要教师在实践中不断探索和完善，教师应该根据学生的实际情况和学习需求，灵活运用各种教学方法，以最大限度地发挥它们的教学效果。学校和教育部门也应该加强对教师的培训和指导，提高他们的教学水平和创新能力。只有这样，才能真正实现小学美术教学方法的创新化，为学生的全面发展提供更加优质的教育资源和服务。

（五）注重跨学科融合

在多元化的教育环境中，跨学科融合成为小学美术教学的新趋势。跨学科融合不仅打破了传统学科之间的界限，还为学生提供了一个更加全面、综合的学习体验。通过将美术与其他学科如文学、历史、科学等相结合，学生能够在探究不同领域知识的过程中，培养出更加广阔的视野和更加深厚的素养。

文学与美术的融合能够深化学生对艺术作品的理解和欣赏能力，在赏析经典文学作品时，教师可以引导学生关注其中的美术元素，如场景描绘、人物造型等，从而让他们更加直观地理解文学作品中的美术价值。学生也可以尝试将文学作品中的情节或人物以绘画的形式表现出来，这样既能锻炼他们的绘画技巧，又能提升对文学作品的理解和感悟。

历史与美术的融合有助于学生了解不同历史时期的艺术风格和审美观念。通过学习历史上的著名美术作品，学生可以深入了解不同文化背景下的艺术创作，从而拓宽他们的艺术视野。教师还可以引导学生关注历史事件与美术作品之间的联系，探究历史变迁对艺术创作的影响，这样既能增强学生对历史的理解，又能提升他们的艺术鉴赏力。

科学与美术的融合则能够激发学生的创新思维和实践能力。在科学实验中，学生可以通过观察和记录实验现象，发现科学原理与美术创作之间的联系。例如，在探究光影原理的过程中，学生可以运用所学的美术知识来设计和制作影子戏或光影艺术作品。

跨学科融合的小学美术教学不仅能够丰富学生的知识体系和认知结构，还能够培养他们的综合素养和创新能力。通过打破学科界限，让学生在多元化的学习环境中自由探索和实践，有望培养出更加全面发展的人才。为了实现这一目标，教师需要不断更新自己的教学理念和教学方法，积极探索跨学科融合的教学模式，为学生的全面发展提供更加优质的教育资源和服务。学校和教育部门也应该加强对跨学科融合教学的支持和引导，推动小学美术教学不断创新和发展。

（六）强调个性化发展

在当今社会，教育的核心理念正逐渐从传统的填鸭式教学转向更加关注学生个性化发展的方向。特别是在小学美术教学中，这一转变尤为明显。每个学生都是独一无二的，他们拥有各自的个性、兴趣和潜能，而现代小学美术教学的目标之一就是帮助学生发掘并发展这些独特的特质。

强调个性化发展意味着教师需要深入了解每个学生的特点、需求和兴趣，这不仅仅是通过考试成绩或课堂表现来评判，更需要通过与学生的日常互动、观察和交流来实现。例如，有的学生可能对绘画特别感兴趣，而有的学生则更擅长雕塑或手工制作。教师应该根据这些信息，为每个学生制订个性化的教学方案和辅导计划。

个性化教学方案的设计需要细致入微。对于热爱绘画的学生，教师可以提供更多的素描、色彩运用等方面的指导，同时鼓励他们尝试不同的绘画风格和技巧。而对于喜欢雕塑的学生，教师可以引导他们深入探索材料的选择、造型的构思等方面。这样，每个学生都能在自己感兴趣的领域得到更深入的指导和支持。

除了专业技能的培养外，个性化发展还涉及对学生情感、态度和价值观的引导。美术教学不仅仅是技艺的传授，更是审美情感和创新思维的培养。在个性化教学中，教师应该关注学生的情感体验，鼓励他们表达自己的感受和想法，从而培养他们的艺术鉴赏力和创造力。

个性化发展还要求学生具备一定的自主学习和问题解决能力，教师应该教会学生如何独立思考、解决问题，这样他们在面对未来的挑战时才能更加从容应对。

（七）技术融合教学

随着科技的飞速发展，数字化技术已经渗透到了生活的方方面面，包括教育领域。在小学美术教学中，技术的融合不仅为教学带来了前所未有的便利，还极大地丰富了教学手段，提高了学生的学习兴趣和参与度。

技术融合教学的一个显著例子是数字化绘画工具的引入。传统的绘画教学往往依赖于纸笔和颜料，而现在学生可以使用平板电脑或触摸屏进行绘画。这种新型的绘画方式不仅环保、高效，还能让学生更加直观地感受到绘画的过程和效果。通过调整画笔的粗细、颜色、透明度等参数，学生可以轻松地创作出丰富多彩的作品。

除了数字化绘画工具外，虚拟现实技术也为美术教学带来了全新的体验。利用虚拟现实技术，教师可以为学生打造一个沉浸式的艺术环境，让他们在其中自由地探索、创作和体验。例如，学生可以进入虚拟的美术馆，欣赏到世界各地的经典艺术作品；或者进入虚拟的雕塑工作室，亲手打造出自己的雕塑作品。新颖的教学方式不仅激发了学生的好奇心和探索欲，还让他们能够更加深入地理解艺术的魅力和价值。

技术融合教学不仅丰富了教学手段，还为教师与学生之间的互动提供了更多的可能性。例如，教师可以利用网络平台发布作业、分享教学资源，学生则可以在线提交作品、进行互动交流。线上线下相结合的方式使得教学更加灵活多样，满足了不同学生的学习需求。

然而，技术融合教学并非一蹴而就的事情，它需要教师具备一定的技术素养和教学能力，同时也需要学校提供相应的技术支持和资源保障。因此，应该加强对教师的技术培训和教学指导，提高他们的技术应用能力和创新意识。学校也应该不断完善技术设施和资源建设，为技术融合教学创造良好的条件和环境。

二、小学美术课程教学新趋势

小学美术课程教学正迎来新风尚，它巧妙地将生活点滴、传统文化精髓、知识体系的整体构建、学校的独特教育资源、多元化的评价方式以及学生自由探索的空间融为一体，寓教于乐、博采众长的教学理念，不仅雕琢着学生的审美与创新思维，更在潜移默化中引领他们走向全面发展的瑰丽之路。

（一）生活化教学

生活化教学，作为小学美术教育的新趋势，正逐渐改变着传统的教学方式。生活化教学方法强调美术教学与学生日常生活的紧密联系，旨在让学生在熟悉的环境中发现美、感受美，进而激发他们的学习兴趣和创作灵感。

想象一下，孩子们在阳光明媚的午后，带着画板走出教室，来到校园的花坛旁或社区的公园里，他们的眼睛里闪烁着对未知世界的好奇与探索。在这里，他们不是简单地描摹眼前的景物，而是在教师的引导下，学会用艺术家的眼光去观察世界，去捕捉那些常人忽略的细节。每一片叶子、每一朵花、每一座建筑，甚至是路过的行人，都可能成为他们画笔下的主角。

生活化教学的魅力在于它让美术教学变得更加生动和实用。通过观察自然景物和人文景观，孩子们不仅能够提升自己的观察力和表现力，更能够培养他们对生活的热爱和关注。他们开始意识到，美术不仅仅是画室里的艺术，更是无处不在的生活艺术。

生活化教学还有助于培养孩子们的团队协作能力和社交技巧，在写生活动中，孩子们需要与其他同学一起交流、讨论，共同寻找最佳的创作角度和表现方式。

生活化教学为小学美术教育注入了新的活力，它让孩子们在轻松愉快的氛围中学习美术，发现生活中的美，感受艺术的魅力，让他们在探索与创作中收获成长与快乐。

（二）传统文化融入

传统文化是一个国家或民族历史与文化的瑰宝，它蕴含着丰富的艺术元素和教育价值。将传统文化融入小学美术教学，不仅可以丰富教学内容，提升学生的文化素养，还能够培养他们的文化自信和民族自豪感。

在中国，传统文化博大精深，其中剪纸艺术便是一种独具特色的表现形式。通过引入剪纸艺术，孩子们可以亲身感受到传统文化的魅力，了解剪纸的历史渊源、文化内涵和制作技艺。在教师的指导下，孩子们亲自动手制作剪纸作品，从设计到剪裁，每一个步骤都充满了挑战与乐趣。

传统文化的融入不仅限于剪纸艺术，还可以包括国画、书法、陶艺等多种艺术形式。这些传统艺术形式都是中国文化的瑰宝，它们所蕴含的哲理和美学思想对于孩子们的成长具有重要意义。通过学习这些传统艺术，孩子们不仅能够提升自己的审美能力和创造力，更能够培养对传统文化的热爱和尊重。

传统文化融入美术教学还有助于培养孩子们的道德品质和人文素养，传统文化中蕴含的诸多美德和价值观，如尊老爱幼、诚实守信、勤劳节俭等，都可以通过美术教学传递给孩子们。传统美德和价值观的熏陶，将有助于孩子们形成健全的人格和良好的道德风范。

（三）单元整体教学

单元整体教学是一种创新的教学方法，它将一个主题或知识点作为一个整体进行教学设计，旨在让学生在系统的学习中全面掌握知识和技能。在小学美术课程中采用单元整体教学的方式，可以帮助学生更好地理解和掌握美术知识和技能，提高他们的美术素养和实践能力。

以"动物"主题为例，教师可以设计一个包含绘画、雕塑、手工制作等内容的单元教学计划。在这个单元中，学生将学习如何画出不同种类的动物形象，了解动物的结构和特征；他们还将尝试制作动物雕塑和手工制品，通过亲身实践来加深对动物形态和结构的理解。

单元整体教学的优势在于它能够帮助学生建立起完整的知识体系。通过将一个主题或知识点分解为若干个相关联的小单元，学生可以逐步深入地学习并掌握相关的知识和技能。

单元整体教学还有助于激发学生的学习兴趣和动力。通过设计丰富多样的教学活动和任务，教师可以引导学生积极参与到学习中来，让他们在探索与实践中收获成就感和自信心。

在实施单元整体教学时，教师需要注意以下几点。首先，要合理划分单元内容，确保每个小单元之间具有逻辑性和连贯性；其次，要注重学生的实践操作和作品展示环节，让他们在亲身实践中加深对知识和技能的理解；最后，要及时给予学生反馈和评价，帮助他们发现问题并不断改进自己的作品。

（四）校本特色课程开发

校本特色课程开发是现代教育体系中的一项创新举措，它旨在根据学校自身的教育理念、师资优势以及学生的实际需求，结合地域文化和特色资源，打造独具特色的美术课程。校本课程的开发，不仅有助于提升学生的学习兴趣，还能有效传承和弘扬地方文化，进一步培养学生的文化素养和创新能力。

以"家乡美"为主题的校本特色美术课程为例，学校可以结合当地的自然风光和人文景观，引导学生通过观察和感受，用画笔描绘出家乡的美丽景色和独特文化。这样的课程不仅能让学生更加深入地了解自己的家乡，还能培养他们的爱乡情感，激发他们对美好生活的向往和追求。

学校还可以利用青花线描等资源，开发具有民族特色的美术校本课程。青花线描是中国传统艺术的一种表现形式，它以独特的艺术风格和审美价值深受人们喜爱。通过引入青花线描等传统文化元素，学校可以让学生在亲手实践中感受传统文化的魅力，进一步培养他们的文化自信和民族自豪感。

在校本特色课程开发过程中，学校需要充分挖掘和利用自身及周边的资源，结合学生的实际情况和需求，设计出富有创意和实用性的课程内容和教学活动。学校还需要加强对教师的培训和指导，提高他们的专业素养和教学能力，确保校本特色课程的有效实施。

（五）多元化评价

多元化评价是现代教育评价体系中的重要一环，它强调通过多种方式和手段对学生的美术学习成果进行综合评价，以全面、客观地反映学生的美术素养和实践能力。多元评价方式不仅能更准确地评估学生的学习情况，还能有效激励学生的进步和创新精神。

在美术教育中实施多元化评价，可以采用作品展示、口头表述、互相评价等多种方式。作品展示是让学生将自己的美术作品进行公开展示，接受同学、老师和家长的评价，让学生更加直观地了解自己的作品在他人眼中的形象和价值，从而提升他们的自信心和创作动力。

口头表述是让学生用自己的语言阐述作品的创作思路、灵感来源和表现技巧等。通过这种方式，教师可以更好地了解学生的创作过程和思考方式，从而给予更有针对性的指导和建议，且可培养学生的语言表达能力和逻辑思维能力。

互相评价是让学生之间相互评价作品，通过这种方式可以培养学生的批判性思维和团队合作能力。在互相评价过程中，学生需要学会用客观、公正的态度去评价他人的作品，并从中汲取灵感和经验，为自己的创作提供新的思路和方法。

多元化评价的实施需要教师具备专业素养和敏锐的洞察力，根据学生的实际情况和需求，选择合适的评价方式和方法，确保评价的客观性和准确性。教师还需要及时给予学生反馈和指导，帮助他们发现问题并不断改进自己的作品。

（六）项目式学习

项目式学习是一种以学生为中心，以项目为驱动的学习方式。在小学美术教育中，项目式学习旨在让学生通过实际操作、亲身体验和合作学习，深入探究美术知识和技能，培养他们的创新思维和实践能力。

在项目式学习中，教师需要结合学生的实际情况和需求，设计具有挑战性和趣味性的美术项目。这些项目可以围绕某个主题或问题展开，如"设计一件具有民族特色的服装"或"创作一幅表现家乡美景的画作"等。通过项目的实施，学生可以亲身参与到美术创作的过程中，感受艺术的魅力，提升自己的审美能力和创造力。

项目式学习的核心在于学生的主动参与和合作学习，在项目实施过程中，学生需要自主查找资料、设计方案、动手实践，并与小组成员进行充分交流和讨论。

项目式学习还有助于培养学生的创新思维。在项目实施过程中，教师需要鼓励学生勇于尝试、敢于创新，引导他们从多个角度思考问题，寻找新的创作思路和方法。通过这种方式，学生可以逐渐培养出敏锐的洞察力和独特的审美观，为未来的艺术发展奠定坚实基础。

第二节　美术课程核心素养解读

在《义务教育艺术课程标准（2022年版）》的指引下，美术课程核心素养的培养显得尤为重要。它涵盖了审美感知、艺术表现、创意实践和文化理解等多个维度，旨在通过情境化教学、项目式学习、合作学习以及传统文化的融入等方式，全面增强学生的美术技能、创新意识、实践能力和文化素养。核心素养的培养不仅关乎学生的美术学习成果，更对其终身发展和适应社会需求具有重要意义，为学生未来的全面发展奠定坚实基础。

一、核心素养的育人价值

学科核心素养的概念指的是学生在某一学科的学习过程中，通过系统的学科知识和技能的学习，所形成的具有该学科特点的关键能力和必备品格，这些能力和品格是学生适应个人终身发展和社会发展需要的综合素质的体现。在美术教育中，艺术核心素养的培养至关重要，它不仅有助于学生适应未来社会的多元化和复杂化需求，还能促进学生的全面发展，包括情感、态度和价值观的培养，同时为学生形成终身学习的习惯和能力奠定坚实基础。

（一）适应未来社会的挑战和需要

在快速变迁的现代社会，科技的进步和社会结构的转型正在塑造一个前所未有的多元化和复杂化的人才需求格局。面对这样的未来，仅仅依靠传统的美术技能教学已经远远不能满足社会的期望。因此，核心素养的培养变得尤为关键。

随着全球化的推进，不同文化背景下的艺术作品层出不穷，人们需要具备敏锐的审美眼光去欣赏和理解这些作品。这不仅有助于学生更好地融入多元文化社会，更能激发他们的创新灵感。例如，在建筑领域，一个具备高度审美感知的建筑师，能够敏锐地捕捉到社会变迁中的审美趋势，将艺术元素巧妙地融入建筑设计之中，创造出既实用又美观的建筑作品。这样的建筑师，无疑将在未来的建筑市场中占据一席之地。

在美术教育中，培养学生的创意实践能力，意味着激发他们的创新思维和创造力，让他们能够在未来的职业生涯中不断推陈出新。以平面设计为例，一个具备创意实践能力的平面设计师，不仅能够运用所学的美术知识和技能创作出独特的设计作品，更能够在面对市场需求变化时迅速调整设计策略，创作出符合市场需求且具有市场竞争力的设计作品。这样的设计师，无疑将在未来的设计行业中大放异彩。

（二）促进学生的全面发展

核心素养的培养，不仅仅关注美术技能的提升，更致力于学生的情感、态度和价值观的全面发展。

在美术教育中，通过引导学生表达自己的思想感情和展现艺术美感，可以培养学生的自信心和表达能力。例如，在学校的演讲比赛中，一个具备良好艺术表现能力的学生，能够自信地走上舞台，用生动的语言和形象的动作表达自己的观点和想法，从而赢得观众的认可和支持。这样的经历，无疑将为学生未来的职业生涯增添一份宝贵的财富。

在全球化的背景下，不同文化之间的交流和碰撞日益频繁。通过培养学生的文化理解能力，可以让他们更加深入地了解不同文化背景下的艺术作品和人文内涵，增强他们的文化自信和跨文化交流能力，此种能力对于学生在未来的国际交流中至关重要。例如，在国际文化交流活动中，一个具备文化理解能力的学生，能够更好地理解和欣赏来自不同国家的艺术作品和文化传统，从而在交流中展现出更加开放和包容的态度。

（三）培养学生的终身学习能力

核心素养的培养是一个持续的过程，它贯穿于学生的整个学习生涯，并为他们未来的终身学习奠定坚实的基础。

在美术教育中，教师可以通过项目式学习、合作学习等方式引导学生自主探究和实践，激发他们的学习兴趣和动力。探究式的学习方式，有助于学生形成自主学习的习惯和能力。教师还需要注重培养学生的创新思维和批判性思维，让他们能够在不断变化的社会环境中保持敏锐的洞察力和适应能力。例如，在美术课堂上，教师可以设计一些具有挑战性的美术项目，让学生在完成项目的过程中发现问题、解决问题，从而提高他们的自主学习能力和解决问题的能力。这样的学习方式，不仅能够让学生在美术领域中获得成长，更能为他们的未来职业生涯提供有力的支持。

二、艺术核心素养维度

在《义务教育艺术课程标准（2022年版）》中，美术课程核心素养主要包括审美感知、艺术表现、创意实践和文化理解四个维度，这些维度共同促进学生发现美、创造美、创新实践以及深入理解文化，从而全面提升他们的美术素养和综合能力。

（一）审美感知

审美感知，作为美术课程核心素养的核心要素之一，在学生的美术学习过程中发挥着举足轻重的作用。这一维度主要关注学生对自然世界、社会生活和艺术作品中美的特征及其意义与作用的发现、感受、认识和反应能力。通过深入培养，审美感知不仅能够帮助学生敏锐地捕捉到生活中的美好瞬间，还能进一步丰富他们的审美体验，提升审美情趣。

在审美感知的培养过程中，学生需要通过观察和体验，逐渐发现和感知到自然界和社会生活中的美好元素。这一过程需要学生具备敏锐的洞察力和细腻的感受力，从平凡的生活中发现不平凡的美。例如，学生可以在校园中观察到不同季节的花开花落，感受四季变换带来的视觉盛宴；在社会生活中，他们可以留意到人们的衣着打扮、建筑的设计风格等，感受人类文明的丰富多彩。

在发现和感知美的过程中，学生需要对所发现的美进行深入的感受和认识，包括对美的形态、色彩、比例、节奏等方面的感知和理解。学生需要通过不断观察和思考，逐渐建立起自己的审美标准和审美观念。例如，在欣赏一幅画作时，学生不仅要关注画面的构图和色彩运用，还要深入思考画家的创作意图和表现手法，从而更加全面地理解和感受画作所蕴含的美。

学生需要将自己对美的感知和理解通过艺术形式表达出来，表达可以是一幅画、一件雕塑，也可以是一篇文章或一首诗。通过艺术表达，学生可以进一步加深对美的理解和体验，同时也能将自己的情感和思想传递给观众，培养他们的情感沟通能力。

在审美感知的培养过程中，教师需要引导学生从多个角度去观察和感受美，鼓励他们用独特的视角去发现和表达美。教师还需要注重培养学生的批判性思维和创新能力，让他们在欣赏和创作过程中不断挑战自我、突破常规。

（二）艺术表现

艺术表现是美术课程核心素养的另一个重要维度，它关注学生的实践能力，要求学生在艺术活动中创造艺术形象、表达思想感情、展现艺术美感。艺术表现的培养不仅有助于学生掌握美术基础知识和技能，还能提高他们的创作能力和情感表达能力。

在艺术表现的培养过程中，学生需要具备一定的美术基础知识和技能。这些知识和技能包括绘画、雕塑、手工制作等方面的技巧和方法。通过学习这些知识和技能，学生可以逐渐掌握创造艺术形象的基本手段和方法。例如，在绘画学习中，学生需要掌握线条、色彩、构图等基本要素的运用技巧；在雕塑制作中，需要了解材料的性能和加工方法；在手工制作中，需要掌握各种工具的使用方法和制作流程。

除了美术基础知识和技能外，艺术表现还需要学生具备一定的情感表达能力和创造力。情感表达是指学生能够通过艺术形式将自己的情感和思想传达给观众的能力。这需要学生具备敏锐的观察力和丰富的想象力，能够将自己对世界的感受和理解通过艺术形式表达出来。例如，在创作一幅风景画时，学生可以通过色彩和构图来表达自己对大自然的热爱和敬畏之情；在塑造一个人物形象时，可以通过细节刻画来展现人物的性格特点和内心世界。

创造力是艺术表现中更为高级的能力要求，它要求学生在艺术表现中能够展现出新颖、独特的思想和观点的能力。这需要学生具备开放的心态和勇于尝试的精神，能够不断地挑战自我、突破常规。例如，在进行创意设计时，学生可以尝试将不同的元素进行组合和重构，创造出全新的视觉效果；在进行艺术创作时，可以运用独特的表现手法和视角来展现主题和内涵。

在艺术表现的培养过程中，教师需要注重学生的实践能力和创新能力的培养。通过项目式学习、合作创作等方式引导学生积极参与艺术实践活动，鼓励他们在实践中发现问题、解决问题。教师还需要关注学生的情感表达和创新思维的发展，为他们提供充分的展示和交流平台。

（三）创意实践

创意实践作为美术课程核心素养的新兴维度，对于培养学生的创新精神和实践能力具有举足轻重的意义。它鼓励学生超越传统的美术创作框架，综合运用多学科知识，紧密联系现实生活，进行艺术创新和实际应用。通过创意实践的培养，学生不仅能够形成创新意识，还能够显著提高实践能力和创造能力，为未来的职业发展和社会适应奠定坚实基础。

在创意实践的过程中，跨学科的知识储备和综合能力显得尤为重要。美术创作不再局限于单一的美术知识和技能，而是需要学生广泛涉猎科学、历史、文学等多个领域的知识。跨学科的知识融合为学生提供了更为广阔的创作空间，激发了他们的想象力和创造力。例如，在创作一幅科幻主题的画作时，学生需要了解物理学、天文学等科学知识，以便更加准确地描绘未来的宇宙景象；在创作一幅反映历史事件的画作时，学生则需要深入研究历史文献和资料，以还原历史的真实面貌。通过跨学科的学习和实践，学生的视野得到了拓展，思维方式也得到了锻炼，为艺术创作注入了新的活力。

除了跨学科的知识储备外，创意实践还要求学生具备联系现实生活的能力。艺术源于生活，又高于生活。学生需要将所学的美术知识和技能应用到现实生活中，通过实践来检验和提升自己的能力。这种联系现实生活的实践不仅有助于学生发现生活中的美，还能激发他们的创作灵感。例如，学生可以关注社会热点问题，运用美术手法创作一幅反映社会现象的作品；也可以结合日常生活用品，设计一款既实用又具有艺术价值的产品。通过实践探索，学生能够将创意转化为实际成果，体验到成功的喜悦和成就感。

在创意实践的过程中，学生需要保持开放的心态和勇于尝试的精神。创意实践本身就是一种不断探索和尝试的过程，学生需要敢于挑战自我、突破常规，勇于尝试新的方法和思路。勇于尝试的精神有助于学生在实践中发现问题、解决问题，不断提高自己的创新能力和实践能力，教师也需要给予学生充分的支持和鼓励，激发他们的创造潜能和积极性。

（四）文化理解

文化理解是美术课程核心素养中的重要维度之一，它要求学生具备对特定文化情境中艺术作品人文内涵的感悟、领会和阐释能力。通过文化理解的培养，学生不仅能够增强文化自信，还能够提高跨文化交流能力，为未来的国际交往和文化传播奠定坚实基础。

在文化理解的过程中，学生需要具备一定的文化素养和跨文化意识。他们需要了解不同文化背景下的艺术作品和人文内涵，能够欣赏和理解不同文化之间的差异和共同点。文化素养和跨文化意识的培养需要学生广泛涉猎世界各地的文化知识和艺术作品，通过对比和分析来加深对不同文化的认识和理解。例如，学生可以学习中国的传统绘画和书法艺术，了解其中蕴含的中国传统文化精神；也可以欣赏西方古典油画和现代艺术作品，感受西方文化的独特魅力。通过学习和实践，学生可以逐渐建立起自己的文化观念和跨文化交流能力。

除了文化素养和跨文化意识外，文化理解还需要学生具备一定的阐释能力。学生需要能够用自己的语言和方式去解释和阐述艺术作品中的文化元素和内涵。此种阐释能力不仅有助于学生更好地理解和欣赏艺术作品，还能为他们的创作提供更多的灵感和素材。例如，在欣赏一幅中国传统绘画时，学生可以通过自己的语言来解释画作中的构图、色彩和线条等艺术元素所蕴含的文化内涵；在创作一幅反映某种文化现象的作品时，学生也可以运用自己的阐释能力来展现文化现象背后的深层意义。

在文化理解的过程中，学生需要保持开放和尊重的态度。不同文化之间的差异和多样性是客观存在的，学生需要尊重这些差异和多样性，避免对其他文化进行偏见和歧视。通过开放和尊重的态度来对待不同文化，学生可以更好地理解和欣赏不同文化背景下的艺术作品和人文内涵，进而建立起文化自信和文化自觉。教师也需要引导学生正确看待不同文化之间的差异和共同点，培养他们的跨文化交流能力和国际视野。

三、美术课程教学中核心素养培养原则

在美术教学的艺术殿堂里，除了坚守学生主体地位和着眼长远成长，还应巧妙融合多学科知识，引领学生体验艺术的魅力，激发批判创新之光，并

培育团队协作之花，从而精心雕琢学生的核心素养，绘就他们全面发展的绚烂蓝图。

（一）主体性与持续性

在美术课程的教学过程中，培养学生的艺术核心素养，首要任务是确立学生的主体性地位，并坚持可持续发展的教育理念，这不仅体现了对学生个体差异的尊重，也预示着对学生艺术道路长远发展的深刻关怀。

强调学生的主体性地位，意味着美术课堂不再是教师单向传授知识的场所，而是学生主动探索、发现艺术之美的乐园。在这一理念的指导下，教师角色发生了根本性的转变，从知识的灌输者变为学生学习旅程的引路人和合作伙伴。学生拥有了更多的选择权和决定权，他们可以根据自己的兴趣和需求，选择适合自己的学习内容和方式。个性化的学习方式不仅极大地激发了学生的学习热情和主动性，还为他们提供了更多的发展空间和可能性。

在主体性导向下，美术课程更加注重学生的实践体验和过程参与。通过组织丰富多样的实践活动，如户外写生、艺术创作、艺术展览等，让学生亲身感受艺术的魅力和创作的乐趣。这些实践活动不仅锻炼了学生的美术技能，还培养了他们的观察力、想象力和创造力。更重要的是，学生在实践中学会了独立思考和自主解决问题，为他们的终身学习和职业发展奠定了坚实的基础。

注重学生的可持续性发展，意味着美术课程不仅要关注当下，更要放眼未来。随着社会的不断发展和进步，艺术领域也在不断变革和创新。因此，美术课程需要培养学生的创新思维和适应能力，使他们能够在不断变化的艺术世界中立足和发展。为了实现这一目标，美术课程需要引导学生关注艺术的前沿动态，了解不同文化背景下的艺术表现，拓宽他们的艺术视野和认知范围。美术课程还需要注重培养学生的批判性思维，让他们在面对复杂的艺术现象时能够保持独立的思考和判断。

在美术课程中强调主体性和持续性，不仅有助于提高学生的美术技能和创作能力，还能够培养他们的综合素质和适应能力，这些素质和能力将伴随学生一生，成为他们未来艺术道路上不可或缺的财富。因此，美术教师需要不断更新教育观念和方法，努力为学生打造一个充满活力和创造力的艺术学习环境。

（二）综合性与整合性

在美术课程教学中，培养学生的艺术核心素养需要注重美术知识的综合性和整合性。这意味着需要打破学科壁垒，将美术与其他学科的知识进行有机融合，从而培养学生的跨学科思维和解决问题的能力。

美术作为一门独特的艺术形式，它与其他学科有着千丝万缕的联系。例如，美术与科学相结合可以创作出具有科学原理和美感的艺术作品；美术与数学相结合可以探索图形和空间的奥秘；美术与地理相结合可以展现不同地域的自然风光和人文特色。因此，在美术课程教学中引入其他学科的知识和概念是非常必要的。为了实现美术知识的综合性与整合性，可以采取以下措施。

首先，设计跨学科的艺术项目。这些项目可以围绕某个主题或问题展开，让学生综合运用多学科知识解决问题和完成任务。例如，可以设计一个以"环保"为主题的跨学科艺术项目，让学生结合科学、文学等学科的知识创作一幅反映环保问题的艺术作品，此类项目不仅能够锻炼学生的跨学科思维能力，还能够培养他们的合作精神和创新能力。

其次，邀请其他学科的教师参与美术课程教学。这些教师可以为学生带来不同的学科视角和思维方式，与美术教师共同指导学生进行跨学科的艺术创作。例如，科学教师可以为学生讲解科学原理在艺术创作中的应用；文学教师可以引导学生从文学作品中寻找创作灵感；地理教师可以帮助学生了解不同地域的文化特色和风土人情。这样的教学方式不仅能够丰富美术课程的内容和形式，还能够加强学科之间的联系和互动。

最后，组织跨学科的艺术展览和交流活动，为学生提供展示自己跨学科艺术作品的机会，让他们欣赏和理解不同学科背景下的艺术作品。例如，可以举办一个跨学科艺术展览，展示学生结合不同学科知识创作的艺术作品；

组织跨学科艺术研讨会或工作坊等活动，让学生与来自不同学科领域的专家和学者进行交流和互动。这样的活动不仅能够拓宽学生的知识视野和认知范围，还能够促进不同学科之间的交叉融合和创新发展。

通过美术知识与其他学科的交叉融合，我们可以让学生更全面地了解艺术的本质和价值，拓宽学生的知识视野和认知范围，为他们未来的学习和生活提供更多的可能性和选择空间，培养他们的综合素质和创新能力。

（三）体验性与参与性

在美术课程的教学中，强调体验性和参与性是深化学生对美的感知和理解的关键环节，为学生提供了一个在实践中感知艺术魅力、激发创作灵感和热情的宝贵机会。

体验性和参与性是美术课程教学的重要特征，它们共同构成了学生与艺术之间的桥梁。通过亲身参与艺术实践活动，学生能够直接与艺术进行对话，感受艺术带来的情感共鸣和思维碰撞。直接的、互动的学习过程，使得学生能够更加深入地了解艺术的本质和价值，进而培养他们的艺术兴趣和创作能力。

在美术课程中实现体验性和参与性，需要我们设计具有挑战性和趣味性的艺术实践活动。这些活动可以激发学生的好奇心和探索欲，让他们愿意主动参与其中。例如，我们可以组织学生进行户外写生，让他们在大自然中感受色彩的丰富和光影的变化；安排学生参观艺术展览，让他们目睹大师们的杰作，感受艺术的魅力和力量，激发他们的创作灵感和热情。

除了设计有趣的活动外，还需要提供充足的材料和工具，让学生自由发挥想象力和创造力。在艺术创作过程中，材料和工具的选择往往能够影响作品的效果和风格。因此，应该为学生提供多样化的材料和工具，让他们根据自己的兴趣和需求进行选择和使用。例如，在绘画课程中，可以提供不同种类的画笔、颜料和纸张，让学生尝试不同的绘画风格和效果；在雕塑课程中，可以提供不同材质的雕塑材料和工具，让学生探索不同的雕塑形式和表现方法。这些材料和工具的选择不仅能够满足学生的个性化需求，还能够激发他们的创新思维和实践能力。

艺术创作是一个不断尝试和修正的过程，学生需要在这个过程中学会独立思考和解决问题。因此，应该给予学生足够的自由和空间，让他们在实践中发现问题、解决问题，并尝试新的方法和思路。例如，在创作一幅画作时，学生可以尝试运用不同的色彩搭配和构图方式表达自己的情感和思想；在制作一件雕塑作品时，可以探索不同的材质组合和加工方法呈现创意和构思，锻炼学生的实践能力和创新思维，还能够让他们在失败和挫折中学会坚持和勇气。

通过强调体验性和参与性，学生需要独立思考、自主选择、动手实践，美术课程不仅能够培养学生的艺术兴趣和创作能力，还能够提高他们解决问题的能力，对于学生未来的学习和生活都具有重要的意义。

（四）批判性与创新性

在美术课程的教学中，培养学生的批判性思维和创新能力是核心素养的重要组成部分，这两种能力的培养不仅关乎学生对艺术作品的深入理解和独到见解，更关系到他们作为未来艺术创作者的创新能力和艺术表现力。

批判性思维要求学生具备对艺术作品进行独立分析、评价的能力，不盲从、不迷信，能够自主判断艺术的价值和意义。在美术课程中，教师可以通过引导学生对经典艺术作品进行深入剖析，让他们学会从多个角度审视作品，挖掘其背后的文化内涵、艺术风格以及作者的情感表达。教师还可以组织学生进行艺术作品的对比分析和讨论，让他们通过对比不同作品之间的差异和联系，形成自己的审美标准和判断依据。在批判性思维的培养过程中，教师需要注重启发式教学和探究式教学。启发式教学强调教师的引导作用，通过提出问题、创设情境等方式，激发学生的好奇心和求知欲。例如，教师可以针对某一艺术流派或风格提出问题，引导学生自主收集资料、分析作品，并鼓励他们提出自己的观点和见解。探究式教学则注重学生的主动参与和探究过程，让学生在实践中发现问题、解决问题。例如，教师可以组织学生进行艺术作品的创作实践，让他们在实践中体验艺术的魅力，同时引导他们对自己的作品进行批判性分析和反思，找出不足并加以改进。通过批判性思维的培养，学生可以形成独立思考的习惯，对艺术作品进行深入理解和独到见解，让他们在面对纷繁复杂的艺术现象时保持清醒的头脑和独立的判断。

创新能力是艺术创作的核心动力，也是美术课程核心素养的重要体现。在美术课程中，教师可以通过激发学生的创新潜能，鼓励他们尝试新的创作方法和材料，以独特的视角和方式表达自己的思想和情感。教师需要为学生提供一个自由、宽松的创作环境，让他们敢于尝试、创新。在这个环境中，学生可以充分发挥自己的想象力和创造力，不受传统观念和束缚的限制。教师需要为学生提供多样化的创作材料和工具，让他们在实践中不断探索新的创作方法和技巧。教师可以通过设置创新性的课题和作业，引导学生进行深入思考和创作实践。例如，教师可以要求学生以某一主题进行创作，鼓励他们从不同角度入手，运用多种材料和手法进行创作实践。课题设置不仅能够激发学生的创作欲望和灵感，还能够让他们在实践中不断提升自己的创新能力和艺术表现力。教师还可以组织学生进行艺术交流和展览活动，让他们展示自己的作品并接受他人的评价和反馈。交流和展览不仅能够让学生获得更多的灵感和启示，还能够促进他们之间的合作和交流，激发更多的创新火花。通过创新能力的培养，学生可以形成独特的艺术风格和表现力，成为具有创新精神和创造力的艺术家。

（五）合作性与交流性

在美术课程教学中，合作性与交流性对于培养学生的团队协作能力和社会交往能力具有重要意义。

合作性是现代社会对人才的基本要求之一，在美术课程教学中，教师可以通过小组合作、集体创作等方式培养学生的合作精神。在小组合作中，每个学生都能发挥自己的特长和优势，与同伴共同完成任务和目标。合作过程不仅能够锻炼学生的团队协作能力，还能让他们学会如何与他人有效沟通、协商和解决问题。在合作性的培养过程中，教师需要注重以下几个方面。首先，合理分组是关键。教师应根据学生的性格、兴趣和能力进行合理分组，确保每个小组的成员能够互补优势、协同作战。其次，明确任务和目标很重要。教师应为每个小组制定明确的任务和目标，让他们明确自己的职责和角色，从而更好地发挥团队合作的优势。最后，教师还应注重过程中的引导和监控，及时发现和解决问题，确保合作过程的顺利进行。通过合作性的培养，学生可以学会与他人合作、分享和借鉴，从而在合作中提升自我、实现共赢，为他们未来的社会交往和职业发展奠定坚实的基础。

交流性是合作性的延伸和拓展，在美术课程教学中，教师可以通过组织各种形式的艺术交流和展览活动提升学生的交流能力，让学生展示自己的作品并接受他人的评价和反馈，促进他们之间的友谊和互信。在交流性的提升过程中，教师需要注重以下几个方面。首先，提供多样化的交流平台是关键。教师可以通过线上线下的方式组织艺术交流和展览活动，让学生有更多的机会展示自己的作品和才华。其次，鼓励学生积极参与很重要。教师应鼓励学生勇于展示自己的作品并接受他人的评价和建议，让他们在交流中不断提升自己的艺术素养和综合能力。最后，教师还应注重培养学生的倾听能力和表达能力，让他们学会如何倾听他人的意见和建议，并清晰、准确地表达自己的思想和情感。通过交流性的提升，学生可以更加自信地展示自己的作品和才华，同时也能够从他人的评价和反馈中获得更多的启示和灵感。交流过程不仅能够提升学生的艺术素养和综合能力，还能够促进他们之间的友谊和互信。

第三节　传统艺术文化育人的时代追求

在小学美术课程中，我们致力于传统艺术文化的传承与创新。通过古典脉络的细腻传承、传统艺术的时代诠释、跨越国界的艺术对话，以及传统艺术与学生成长的和谐共鸣，培育学生的审美情趣、创新精神和实践能力。这一过程不仅让传统艺术焕发新生，也为学生全面发展奠定了坚实基础，让育人的时代光芒在传统艺术的璀璨中绽放，从而增强学生的文化自信，激发他们的创造潜能，为培养具有全球视野和多元文化素养的新时代人才贡献力量。

一、古典脉络的细腻传承

在小学美术课程中，古典脉络的细腻传承是教育工作者的首要使命，这不仅是对中华民族悠久历史文化的尊重，更是对学生全面艺术素养培养的必然要求。我们深知，传统艺术形式与技艺，如中国画、书法、剪纸等，历经千年岁月洗礼，仍保持着其独特的魅力和深厚的文化底蕴。因此，我们有责任将这些宝贵的文化遗产传承给下一代。

为了实现古典脉络的细腻传承，我们精选经典作品，让学生在课堂上深入欣赏。这些作品不仅代表了传统艺术的最高成就，也蕴含着丰富的历史信息和文化内涵。通过欣赏这些作品，学生可以直观地感受到传统艺术的独特魅力和深厚底蕴，从而激发他们对传统艺术的兴趣和热爱。

传统艺术往往蕴含着丰富的故事和传说，我们充分利用这些元素，将课堂讲解变得生动有趣。通过讲述艺术家背后的故事、艺术作品的创作背景等，让学生更加深入地了解传统艺术的历史和文化背景。我们还运用多媒体等现代教学手段，通过图像、声音等多种方式呈现传统艺术，使学生更加直观地感受到传统艺术的魅力。

我们为学生提供了丰富的实践机会，让他们亲自动手体验传统艺术的创作过程。例如，在书法课程中，让学生亲自书写经典碑帖，感受书法的韵律和节奏；在剪纸课程中，让学生亲手剪出各种图案，体验剪纸的巧妙和独特。这些实践体验不仅加深了学生对传统艺术的理解和感受，还锻炼了他们的动手能力和创造力。

在传承传统艺术的过程中，我们积极运用现代科技手段，如虚拟现实、增强现实等，为学生呈现一个立体、鲜活的传统艺术世界。通过这些技术，学生可以更加直观地感受到传统艺术的魅力和细节，从而更加深入地了解和掌握传统艺术。

二、传统艺术的时代诠释

在传承古典脉络的基础上，我们鼓励对传统艺术进行新时代诠释，以激发学生的创新思维和创造力。传统艺术作为中华民族的文化瑰宝，蕴含着丰富的艺术元素和创作灵感，为我们提供了宝贵的创作资源。在新时代背景下，需要将传统艺术与现代审美相结合，创作出具有时代特色的艺术作品。

为了实现传统艺术的新时代诠释，我们鼓励学生发挥自己的想象力和创造力。鼓励学生不拘泥于传统形式和风格，敢于尝试新的表现手法和创作理念。提供丰富的创作材料和工具，支持学生进行多样化的艺术实践。例如，在绘画课程中，鼓励学生尝试将传统中国画元素与现代设计相结合，创作出具有现代感的艺术作品；在雕塑课程中，鼓励学生运用新材料和新技术，创作出具有创新性的雕塑作品。

我们邀请艺术家、设计师等专业人士进校园，与学生面对面交流。这些专业人士具有丰富的艺术经验和深厚的艺术素养，他们可以从专业的角度为学生提供指导和建议。通过与专业人士的交流，学生可以了解到更多的艺术信息和创作技巧，从而拓宽自己的艺术视野和创作思路。

我们还组织各种形式的艺术交流和展览活动，这些活动为学生提供了一个展示自己作品的平台，让他们有机会与其他艺术家和观众进行交流和互动。通过参与这些活动，学生可以更加深入地了解自己的创作特点和优势，从而不断提升自己的艺术水平和创作能力。

在传统艺术的新时代诠释过程中，我们注重培养学生的创新思维和实践能力。鼓励学生敢于挑战传统、勇于创新，不断尝试新的表现手法和创作理念。我们也注重学生的实践能力和动手能力，让他们在实践中不断摸索和尝试，从而不断提升自己的创作水平。

三、跨越国界的艺术对话

在全球化的时代背景下，文化交流日益频繁，艺术作为文化的重要载体，其国际交流与跨区域对话显得尤为重要。对于传统艺术而言，跨越国界的艺术对话不仅有助于增进不同文化之间的理解与尊重，更能推动传统艺术的创新与发展，使其在世界舞台上绽放独特的光彩。

在小学美术课程中，我们积极推动传统艺术的国际交流与跨区域对话。我们组织国际艺术交流活动，邀请来自不同国家和地区的艺术家和学生来校交流学习。这些交流活动为学生提供了一个与外国艺术家面对面交流的机会，让他们能够亲身感受不同文化背景下的艺术风格和创作理念。通过与外国艺术家的交流，学生们不仅能够拓宽自己的艺术视野，还能从中汲取灵感，为自己的艺术创作注入新的元素和活力。

我们也鼓励学生积极参与国际艺术展览和比赛，为学生提供了一个展示自己创新成果的平台，让他们有机会与国际同行交流心得，展示自己的艺术才华。参与国际艺术展览和比赛不仅能够提升学生的自信心和自豪感，还能让他们了解到国际艺术界的最新动态和趋势，为他们的未来发展提供有益的参考和借鉴。

在跨越国界的艺术对话中，我们注重培养学生的国际视野和跨文化交流能力。引导学生关注不同文化背景下的艺术表现，学会欣赏和理解不同风格的艺术作品。我们还鼓励学生尝试将中华传统艺术元素与国际艺术潮流相结合，创作出具有独特魅力和时代感的艺术作品，促进传统艺术的国际化传播和发展。

通过跨越国界的艺术对话，我们让中华传统艺术走向世界舞台，与全球艺术界共享文化盛宴。这不仅有助于增强我们的文化自信心和自豪感，还能为传统艺术的创新与发展注入新的动力和活力。我们也积极借鉴和吸收其他国家和地区的艺术精华，不断丰富和完善我们的传统艺术体系，使其更加符合现代审美需求和时代发展趋势。

四、学生成长的和谐共鸣

传统艺术作为中华民族的文化瑰宝，不仅承载着丰富的历史信息和文化底蕴，更是学生个人成长的重要支撑。在小学美术课程中，我们注重将传统艺术与学生成长相融合，通过艺术实践培养学生的审美情趣、创新精神和实践能力，为他们的全面发展奠定坚实的基础。

我们精选传统艺术经典作品，引导学生深入欣赏和理解。这些作品不仅具有独特的艺术魅力和深厚的文化底蕴，还能激发学生的情感共鸣和审美体验。通过欣赏经典作品，学生能够感受到传统艺术的独特魅力和文化价值，从而培养起对传统文化的热爱和尊重。

通过系统的课程设计和丰富的教学实践，我们传授给学生传统艺术的基本知识和技能，如中国画、书法、剪纸等。这些技能的学习不仅能够提升学生的艺术素养和审美能力，还能培养他们的动手能力和实践能力。我们还注重传承方式的创新，运用现代科技手段辅助教学，使传统艺术教学更加生动有趣和直观形象。

除了课堂教学外，我们还鼓励学生参与艺术社团和创作团队。这些社团和团队为学生提供了一个展示自己才华和创造力的平台，让他们能够在实践中锻炼自己的团队协作能力和领导力。我们还组织各种形式的艺术展览和比赛活动，让学生有机会展示自己的创新成果和艺术风采。

在传统艺术与学生成长的和谐共鸣中，我们关注学生的个性化需求和发展潜能。为每个学生提供定制化的教学计划和辅导方案，帮助他们发掘自己的兴趣和特长，实现个性化发展。我们还注重培养学生的自主学习能力和创新精神，鼓励他们勇于尝试和探索新的艺术形式和表现手法。

通过将传统艺术与学生成长相融合，我们旨在培养全面发展的艺术人才。这些人才不仅具备扎实的艺术素养和审美能力，还具备创新精神和实践能力，能够在未来的艺术道路上不断追求卓越和进步。他们也将成为中华传统艺术的传承者和推广者，为传统艺术的创新与发展贡献自己的力量。

第二章

青花线描课程传承与创新

在华夏五千年的文明长河中，青花线描以其独特的艺术魅力，成为中华文化宝库中的一颗璀璨明珠。它不仅是传统工艺美术的瑰宝，更是中华民族审美情趣和文化底蕴的集中体现。在当代小学美术教育中，青花线描的传承与创新，不仅是对传统文化的致敬，更是对新一代艺术人才的培育与启迪。

青花线描，这一古老的艺术形式，源于中国传统的陶瓷装饰艺术，以其细腻的线条、丰富的层次和独特的色彩效果，深受人们的喜爱。它用简练的笔触勾勒出万物之形，以青白相间的色彩呈现出清雅脱俗的美感，彰显出中华文化的深邃与博大。正是这样一种充满魅力和内涵的艺术形式，值得我们深入探究、传承和创新。

在当下多元化、信息化的时代，传统文化的传承面临着前所未有的挑战与机遇。青花线描作为传统艺术的重要组成部分，如何在现代教育中焕发新的生机与活力，成为我们急需思考的问题。小学美术课程作为培养学生审美情趣和创造力的重要阵地，更应该承担起传承与创新传统文化的重任。

青花线描课程的开设，不仅是为了让学生了解和掌握这一传统艺术形式的基本知识和技能，更是为了通过这一过程，培养他们的文化自信和民族自豪感。通过系统的学习和实践，学生可以逐渐领悟到青花线描的艺术魅力和文化内涵，从而在心中种下对传统文化的热爱和尊重。

然而，传承并不意味着守旧，创新才是推动艺术发展的不竭动力。在青花线描课程的传承过程中，我们应该注重培养学生的创新意识和实践能力。通过引导学生尝试新的表现手法和创作理念，鼓励他们将传统元素与现代审美相结合，创作出具有时代特色的艺术作品。这样的创新尝试，不仅能够丰富青花线描的艺术表现形式，更能够激发学生的创造潜能和想象力，为他们的未来发展奠定坚实的基础。

因此，青花线描课程的传承与创新之旅，既是对传统文化的致敬和传承，也是对新一代艺术人才的培育与启迪。通过这一过程，我们希望能够让更多的学生了解和喜爱青花线描这一传统艺术形式，让中华文化的瑰宝在当代社会中焕发新的光彩。我们也期待在未来的日子里，看到更多具有创新精神和实践能力的艺术人才涌现出来，为中华文化的传承与创新贡献自己的力量。

第一节　青花线描的艺术背景与特点

青花线描，源于中国传统陶瓷装饰艺术，以其清雅的色彩、流畅的线条、严谨的构图和广泛的题材，展现了独特的艺术魅力。它深受中国传统文化的影响，融合了丰富的文化内涵和哲学思想，体现了中华民族对美的追求。青花线描也具备强烈的时代感，随着时代的发展不断创新，融入了现代审美元素，展现出新的生机与活力。作为一种独特的艺术形式，青花线描不仅传承了传统艺术的精髓，更在现代社会中焕发出新的光彩。

一、青花线描的艺术背景

青花线描，顾名思义，是以青色为主要色调，运用线条勾勒描绘的艺术形式。它源于中国传统的陶瓷装饰艺术，特指在陶瓷器物上，以钴料为着色剂，通过笔触的轻重、疏密、粗细等变化，勾勒出各种图案和纹样。青花线描不仅具有高度的装饰性，还蕴含着深厚的文化内涵和艺术价值。

（一）艺术溯源

青花线描的源流，如同一条穿越千年的艺术长河，承载着丰富的历史与文化内涵。它的起源可以追溯到中国唐代，那是一个文化繁荣、艺术多元的时代。在唐代，随着丝绸之路的畅通，中外文化交流达到了前所未有的高峰。波斯、阿拉伯等地的商人络绎不绝地来到中国，带来了丰富的商品和独特的文化。其中，一种来自异域的蓝色颜料——钴料，因其独特的色彩效果和稳定性，引起了中国陶瓷工匠的极大兴趣。

钴料的传入，为青花线描的诞生提供了物质基础。中国陶瓷工匠们开始尝试将这种蓝色颜料应用到陶瓷装饰中，经过无数次的试验和改进，他们逐渐掌握了钴料的发色技巧和应用方法。于是，一种以蓝色为主要色调，线条勾勒为主要表现手法的陶瓷装饰艺术——青花线描，逐渐在中国陶瓷界崭露头角。

到了元代，青花线描艺术迎来了重大的发展。元代是中国历史上一个由少数民族统治的朝代，但其在文化艺术方面却取得了举世瞩目的成就。景德镇作为当时的制瓷中心，汇聚了来自全国各地的优秀工匠。这些工匠在继承传统陶瓷装饰艺术的基础上，大胆创新，将青花线描艺术推向了一个新的高度。他们不仅在颜料配比、发色技巧上进行了改进，还在构图设计、线条运用等方面进行了深入的探索。于是，元代青花瓷以其清新雅致的风格、丰富的题材内容和精湛的工艺技法，成为中国陶瓷史上的经典之作。

明清时期，青花线描艺术更是达到了鼎盛时期。明代永乐、宣德年间，景德镇官窑生产的青花瓷达到了历史的巅峰。这些瓷器不仅造型规整、胎质细腻、釉色莹润，而且在青花线描的表现上也达到了炉火纯青的地步。线条流畅、构图严谨、色彩清新雅致，充满了浓厚的艺术气息和文化底蕴。清代康熙、雍正、乾隆三朝，青花线描艺术继续发展，形成了各自独特的风格和特点。康熙青花以色彩鲜艳、层次分明而著称；雍正青花则以其淡雅清新、线条细腻而深受喜爱；乾隆青花则在题材内容和装饰手法上更加丰富多彩，展现了中国陶瓷艺术的最高成就。

青花线描的源流，不仅是一段跨越千年的艺术历程，更是一部中华民族文化交流和融合的历史画卷。它见证了中国陶瓷艺术的辉煌成就和不断创新的精神风貌，也体现了中华民族对美的追求和对传统文化的传承与发扬。在全球化的时代里，我们更应珍视和传承这一宝贵的文化遗产，让青花线描艺术继续在世界各地绽放光彩。

（二）传统与现代发展背景

青花线描，作为中国传统艺术的瑰宝，其深厚的传统艺术背景孕育了独特的艺术魅力，同时在全球化的时代背景下，不断吸收创新元素，焕发出新的生机与活力，展现了中国文化的博大精深和时代精神。

1.传统艺术背景

青花线描的发展深深扎根于中国传统艺术的肥沃土壤之中。中国传统绘画中的线描技法为青花线描提供了丰富的灵感来源。线描作为中国传统绘画的基本技法之一，其以线条为主要表现手段，通过粗细、长短、疏密等变化来塑造形象、表达情感。这一独特的技法在青花线描中得到了完美的体现，使得青花线描作品线条流畅、形象生动。中国传统绘画中的构图原则也对青花线描产生了深远的影响。中国传统绘画注重画面的整体布局和局部的细节处理，追求画面的和谐统一和意境的深远。这种构图原则在青花线描中得到了充分的体现，使得青花线描作品构图严谨、层次分明。

中国传统文化的精神内核也深深地渗透到了青花线描艺术之中，天人合一、阴阳五行等哲学思想是中国传统文化的重要组成部分，它们不仅影响了中国人的思维方式和生活方式，也影响了中国艺术的创作和欣赏。在青花线描中，这些哲学思想得到了充分的体现。例如，青花线描作品常常以自然景物为题材，通过描绘山水、花鸟等自然元素来表达作者对自然和生命的敬畏与热爱，这正是天人合一思想的体现。青花线描的色彩运用也体现了阴阳五行的哲学思想。青色作为青花线描的主要色调，既象征着生命的活力和生机，又寓意着宁静和深远，这与阴阳五行中"木"的属性相契合。

2. 新时代背景

随着时代的变迁和社会的发展，青花线描艺术也在不断发展和创新。全球化时代的到来使得中外文化交流日益频繁，这为青花线描艺术带来了新的挑战和机遇。

一方面，外来文化的冲击使得青花线描艺术需要不断创新以适应时代的需求。在全球化的大背景下，各种文化相互交融、碰撞，产生了许多新的艺术形式和表现手法。青花线描作为中国传统艺术的一部分，也需要在保持传统特色的基础上，吸收外来文化的优秀元素，进行创新和发展。例如，现代青花线描作品在继承传统技法的基础上，融入了现代审美理念和设计元素，使得作品更加符合现代人的审美需求和生活方式。

另一方面，国际交流的增多也为青花线描艺术的传播和发展提供了更广阔的空间。随着中国国际地位的提升和文化自信心的增强，越来越多的中国艺术家开始走向世界舞台，向世界展示中国文化的魅力和特色。青花线描作为中国传统艺术的瑰宝之一，也受到了国际社会的广泛关注和喜爱。许多国际艺术展览和文化交流活动都邀请了中国青花线描艺术家参展和交流，这不仅为中国青花线描艺术的传播提供了机会，也为中外文化交流搭建了桥梁。

青花线描的发展背景是复杂而多元的。它既受到中国传统艺术的深厚影响，又面临着全球化时代的挑战和机遇。正是这种传统与现代的交融、东方与西方的碰撞，使得青花线描艺术不断焕发出新的生机和活力。

二、青花线描的特点

青花线描，以其清雅的色彩、流畅的线条、严谨的构图、广泛的题材、独特的技法、深厚的文化内涵以及鲜明的时代感，彰显了中国传统艺术的独特魅力和时代精神，成为连接古今、融合中外的艺术瑰宝。

（一）色彩清雅

青花线描，色彩清雅的特点是其最直观的魅力所在。青花线描艺术形式以青色为主要色调，这种色彩给人一种清新、雅致的感觉，仿佛能够洗涤心灵，使人沉浸于宁静与和谐之中。

青色的运用在青花线描中达到了极致。这一色彩不仅与陶瓷器物的白色胎体形成了鲜明的对比，使得作品更加醒目和生动，还与中国传统文化中的"青色"有着深厚的渊源。在中国传统文化中，青色象征着宁静、深远和庄重，它代表着东方的智慧和内敛的力量。色彩的运用使得青花线描艺术不仅仅是一种视觉上的享受，更是一种文化上的传承和表达。

在青花线描中，青色的运用不仅体现了作者对传统色彩的尊重和继承，更展现了他们对色彩美学的独特理解和创新。通过对青色的深浅、浓淡、明暗的精细控制，作者能够营造出丰富的层次感和空间感，使得作品更加立体和生动。青色还能够与其他色彩进行巧妙的搭配，形成独特的色彩组合，进一步丰富作品的表现力和艺术感染力。

青花线描的色彩清雅，不仅仅是一种外在的美，更是一种内在的文化韵味。它代表着中国传统文化中的宁静致远、淡泊明志的精神追求，也体现了中华民族对自然和生活的热爱与敬畏。

（二）线条流畅

在青花线描艺术中，线条的运用是其核心要素之一，而线条的流畅性更是这一艺术形式的重要特点。青花线描运用线条勾勒描绘各种图案和纹样，这种线条的运用要求极高的技巧性和艺术性。

线条的流畅性在青花线描中至关重要。流畅的线条不仅能够使作品更加生动和形象，还能够准确地传达出作者的意图和情感。在青花线描中，线条的流畅性体现在多个方面。首先，线条要具有力度和美感，能够准确地勾勒出物体的轮廓和纹理，使得作品更加立体和生动。其次，线条要能够准确地表达出作者的意图和情感。通过线条的疏密、粗细、曲直等变化，传达出作品的主题和情感。最后，线条的流畅性还要求作者在创作过程中保持专注和心态的平和，以确保线条的连贯性和自然性。

为了实现线条的流畅性，青花线描艺术家需要具备高超的技巧和丰富的经验。他们需要通过长期的实践和积累，掌握不同线条的运用方法和技巧，以便在创作中能够随心所欲地运用线条。他们还需要具备敏锐的观察力和感受力，能够准确地捕捉物体的形态和纹理，以及作者的意图和情感。

线条的流畅性不仅使青花线描作品更加生动和形象，还增强了作品的艺术感染力和表现力。通过流畅的线条勾勒出的图案和纹样，能够引导观众的目光和思绪，使他们在欣赏作品的同时感受到作者的创作意图和情感。

（三）构图严谨

青花线描作为一种古老而独特的艺术形式，其构图严谨的特点是卓越艺术价值的重要体现。在青花线描的构图中，每一个细节都被精心雕琢，无论是整体布局还是局部处理，都体现出了艺术家对于美的极致追求和严谨把握。

青花线描的构图在整体布局上非常讲究，艺术家在创作之前，会经过深思熟虑，确定主题和中心思想，然后根据主题和中心思想来规划整个画面的布局。他们会仔细考虑图案的大小、位置以及相互之间的呼应关系，确保画面中的每一个元素都能够和谐统一地融合在一起。严谨的整体布局不仅使作品在视觉上更加美观，也传达了艺术家的创作意图和情感。

在局部细节的处理上，青花线描同样展现出了极高的严谨性。艺术家会针对每一个细节进行精心设计和刻画，无论是线条的勾勒、色彩的搭配还是图案的装饰，都力求做到尽善尽美。他们注重线条的流畅性和力度感，追求色彩的清新雅致和层次感，同时也注重图案的装饰性和寓意性。对局部细节的严谨处理，使得青花线描作品在细节上更加精致、生动，富有艺术感染力。

青花线描构图严谨的特点，不仅体现在艺术家对于美的极致追求和严谨把握上，也体现在他们对于传统文化的传承和创新上。青花线描作为中国传统艺术的重要组成部分，其构图严谨的特点正是中国传统文化中严谨、精细、追求完美的精神体现。艺术家们在传承传统的基础上，也不断进行创新和探索，将现代审美元素和技法融入青花线描的创作中，使其更加符合现代人的审美需求和时代精神。

（四）题材广泛

青花线描艺术的题材广泛，是其丰富多彩和包容性的重要体现。青花线描艺术形式不仅涵盖了自然景物、人物、故事等多个领域，还体现了艺术家对不同文化元素的融合和创新，使得青花线描作品展现出了独特的魅力和内涵。

在自然景物方面，青花线描艺术家们善于捕捉大自然的美丽瞬间，将山水、花鸟、鱼虫等自然元素融入作品中。他们通过细腻的笔触和丰富的色彩，将大自然的神韵和生机展现得淋漓尽致。这些自然景物题材的作品不仅让人们感受到大自然的美丽和神秘，也传达了艺术家对自然的敬畏和热爱之情。

在人物方面，青花线描艺术家们善于刻画人物形象和情感表达。他们通过精心设计的构图和细腻的线条，将人物的形态、服饰、表情等细节表现得栩栩如生。这些人物题材的作品不仅具有高度的艺术价值，也体现了艺术家对于人物性格和情感世界的深刻洞察和理解。

在故事方面，青花线描艺术家们善于将传统故事、神话传说等文化元素融入作品中。他们通过生动的画面和丰富的情节，将故事的主题和情感表达得淋漓尽致。这些故事题材的作品不仅让人们了解到传统文化的精髓和内涵，也增强了作品的趣味性和吸引力。

除了以上几个主要领域外，青花线描的题材还涵盖了宗教、历史、民俗等多个方面。艺术家们通过深入挖掘和提炼不同文化元素，将其巧妙地融入作品中，使得青花线描艺术更加丰富多彩和包容。广泛的题材选择不仅体现了艺术家们的创造力和想象力，也展现了青花线描艺术对于传统文化的传承和发展。

（五）技法独特

青花线描艺术的技法独特，是其独特魅力和艺术价值的重要组成部分。这种艺术形式所运用的勾勒、渲染、点染等手法，不仅要求艺术家具备高超的技巧和丰富的经验，更体现了对传统技法的精湛传承与创新发展。

勾勒是青花线描最基础也是最重要的技法之一，它要求艺术家运用精准的笔触和力度，勾勒出图案的轮廓和线条。在勾勒的过程中，艺术家需要准确把握笔触的轻重、疏密，以表现出图案的层次感和立体感。勾勒技法不仅考验艺术家的基本功，更体现了他们对美的独特理解和追求。

渲染是青花线描中常用的技法之一，要求艺术家运用不同浓度的青色颜料，通过层层叠加、晕染的方式，表现出图案的色彩变化和过渡。渲染技法的运用，使得青花线描作品在色彩上更加丰富、饱满，同时也增强了作品的艺术感染力和表现力。

点染技法在青花线描中同样占据着重要的地位，要求艺术家运用细小的笔触，在勾勒好的轮廓内点上颜料，以表现出图案的纹理和细节。点染技法的运用，使得青花线描作品在细节上更加精致、生动，同时也增强了作品的观赏性和收藏价值。

青花线描技法的独特之处，不仅在于其对传统技法的精湛传承，更在于其在继承传统基础上的创新与发展。随着时代的变迁和审美观念的变化，青花线描艺术家们不断探索新的表现手法和技法创新，使得青花线描艺术更加符合现代人的审美需求和时代精神。传承与创新并重的技法特点，使得青花线描艺术在传统与现代之间找到了完美的平衡点。

（六）底蕴深厚

青花线描艺术的文化内涵底蕴深厚，是其独特魅力和艺术价值的重要体现，这一艺术形式不仅具有高度的装饰性和艺术性，更蕴含着中国传统文化的精髓和哲学思想。

青花线描艺术融合了中国传统文化的精髓，它汲取了中国传统绘画、书法、陶瓷等艺术的营养，将这些艺术形式中的精髓元素巧妙地融入青花线描的创作中。通过青花线描作品，我们可以看到中国传统艺术的影子，感受到中国传统文化的博大精深。

青花线描艺术体现了中华民族对美的追求和对生活的热爱，艺术家们通过青花线描作品，表达了对自然、社会、人生的深刻理解和感悟。他们运用独特的技法和丰富的想象力，将自然景物、人物、故事等元素融入作品中，创作出了一幅幅生动、精美的艺术佳作。这些作品不仅让人们欣赏到青花线描艺术的独特魅力，更让人们感受到中华民族对美的追求和对生活的热爱。

青花线描艺术蕴含着深厚的哲学思想，体现了中国传统文化中"天人合一""阴阳五行"等哲学思想，表达了对自然、宇宙、生命的深刻理解和尊重。通过欣赏青花线描作品，我们可以感受到艺术家们对自然、宇宙、生命的敬畏和热爱之情，也可以领悟到中国传统文化的智慧和精髓。

（七）时代性强

青花线描艺术虽然深深扎根于中国传统文化的土壤之中，但它并非一成不变，反而展现出强烈的时代性。时代性体现在青花线描艺术随着时代的变迁和社会的发展，不断吸收新的元素，创新技法，与时俱进，以适应现代人的审美需求和时代精神。

传统与现代在青花线描艺术中得到了完美的融合。艺术家们在继承传统精髓的基础上，不断尝试新的表现手法和技法创新，使得青花线描作品既具有深厚的文化底蕴，又展现出鲜明的时代特色。传统文化与时代特色的融合不仅体现在作品的题材、构图和色彩运用上，更体现在艺术家的创作理念和创新精神中。

在题材选择上，现代青花线描作品不再局限于传统的山水、花鸟、人物等题材，而是更加广泛地涵盖了现代生活、科技、文化等多个领域。艺术家们通过对现代生活的观察和思考，将现代元素巧妙地融入作品中，使得作品更加贴近时代、贴近生活。对现代题材的挖掘和表现，丰富了青花线描艺术的表现内容，增强了作品的时代感和现实意义。

在构图和色彩运用上，现代青花线描作品也展现出新的特点。艺术家们不再拘泥于传统的构图原则和色彩搭配，而是更加注重画面的整体效果和色彩的表现力。他们运用现代审美观念和设计理念，对画面进行精心的布局和色彩搭配，使得作品更加具有视觉冲击力和艺术感染力。对构图和色彩的创新运用，不仅增强了作品的艺术表现力，也展现了艺术家对美的独特追求和创新精神。

在技法上，现代青花线描作品同样展现出创新的特点。艺术家们在继承传统技法的基础上，不断探索新的表现手法和技法创新。他们运用现代科技手段和设备，如数字化绘图工具、3D打印技术等，为青花线描艺术注入了新的活力。新的技法的运用，不仅丰富了青花线描艺术的表现手段，也使得作品更加具有现代感和科技感。

青花线描艺术的时代性还体现在其传播和交流上，随着全球化的推进和互联网的发展，青花线描艺术得到了更广泛的传播和交流机会。越来越多的艺术家和爱好者开始关注青花线描艺术，参与到青花线描艺术的创作和欣赏中来。广泛的传播和交流不仅促进了青花线描艺术的创新发展，也增强了其国际影响力和文化价值。

第二节　青花线描课程的意义与目的

小学青花线描校本特色课程的开设，旨在通过传承和弘扬中华传统文化，培养学生的审美情趣和艺术素养，提升他们的动手能力和创新精神。这一课程不仅激发学生对传统艺术的兴趣和爱好，提高他们的综合素质和能力，还推动学校艺术教育的发展和创新，加强学校与社会的联系和互动。青花线描课程的学习为学生未来的职业发展和社会适应提供有力支持，培养他们成为具有文化自信、艺术修养和创新精神的新时代人才。

一、青花线描课程开发意义

小学开设青花线描校本特色课程，旨在传承和弘扬中华传统文化，培养学生的审美情趣和艺术素养，提高动手能力和实践能力，促进个性发展和创新精神，同时加强学校特色文化建设，为学生全面发展奠定坚实基础。

（一）传承和弘扬中华传统文化

青花线描，这一中国传统陶瓷艺术的瑰宝，不仅是中国古代工匠智慧的结晶，更是中华文化的独特展现。它蕴含着丰富的历史信息和深厚的文化底蕴，是中国传统艺术中不可或缺的一部分。在小学阶段开设青花线描校本特色课程，旨在通过这一艺术形式，让学生亲身接触和学习，从而深入了解中华传统文化的独特魅力和精神内涵。

青花线描作为中国传统陶瓷艺术的代表，具有深厚的历史渊源。它起源于唐代，盛行于元明清时期，至今已有上千年的历史。在这漫长的历史长河中，青花线描不仅记录了各个时代的艺术风格和审美观念，还反映了当时社会的文化风尚和人文精神。通过开设青花线描课程，学生可以深入了解这一艺术形式的历史背景和发展脉络，感受到中华文化的源远流长和博大精深。

青花线描所蕴含的文化内涵丰富多样，它以青色为主要色调，运用线条勾勒描绘各种图案和纹样，展现出清新雅致的艺术风格。这种风格不仅体现了中国人对自然美的追求，还蕴含了天人合一、阴阳五行等哲学思想。通过学习青花线描，学生可以领略到中华文化的独特魅力，感受到中国人对自然、生命和宇宙的敬畏与热爱。文化熏陶将有助于学生形成正确的价值观和人生观，增强他们的文化自信和民族自豪感。

开设青花线描课程还有助于传承和弘扬中华传统文化。随着全球化的加速发展，外来文化不断涌入中国，对传统文化造成了一定的冲击。在这样的背景下，保护和传承传统文化显得尤为重要。通过开设青花线描课程，我们可以让学生亲身参与到传统文化的传承中来，让他们在实践中感受传统文化的魅力，从而激发他们对传统文化的热爱和尊重，培养更多的传统文化传承人，为中华文化的传承和发展注入新的活力。

在小学阶段开设青花线描课程，可以通过以下方式实现传承和弘扬中华传统文化的目标。一是组织专业的教师团队，对青花线描的历史背景、文化内涵和技法特点进行深入研究，制订科学的教学计划和教学方案；二是通过课堂教学、实践操作和参观展览等多种形式，让学生全面了解青花线描的艺术魅力和文化内涵；三是鼓励学生参与青花线描的创作和展示活动，让他们在实践中感受传统文化的魅力，培养他们的审美情趣和艺术素养；四是加强与校外文化机构和艺术团体的合作与交流，共同推动中华优秀传统文化的传承和发展。

（二）培养学生的审美情趣和艺术素养

青花线描以其独特的艺术风格和表现手法，吸引了无数艺术爱好者的关注。在小学阶段开设青花线描校本特色课程，旨在通过这一艺术形式，让学生在学习和实践中培养审美情趣和艺术素养。审美情趣和艺术素养将伴随学生一生，成为他们追求美好生活的重要支撑。

青花线描作为一种独特的艺术形式，具有极高的审美价值。它以青色为主要色调，运用线条勾勒描绘各种图案和纹样，展现出清新雅致的艺术风格。这一风格不仅体现了中国人对自然美的追求，还蕴含了深厚的文化底蕴和哲学思想。通过学习青花线描，学生可以欣赏到这种独特的艺术美，感受到艺术的力量和魅力。这种审美体验将有助于学生形成正确的审美观念，提高他们的审美能力和鉴赏水平。

青花线描的创作过程需要学生具备较高的艺术素养。在创作过程中，学生需要了解青花线描的技法特点、构图原则和色彩运用等要素，同时还需要发挥自己的想象力和创造力，将心中的想法和情感通过线条和色彩表达出来。创作实践将有助于学生锻炼自己的艺术表现力和创造力，提高他们的艺术素养和综合能力。

开设青花线描课程有助于培养学生的创造欲望和创新精神。在学习过程中，学生将接触到各种不同的青花线描作品和创作方法，这将激发他们的创造欲望和好奇心。教师还可以通过引导学生尝试新的表现手法和技法创新，培养他们的创新精神和实践能力。

学校开设青花线描课程，可以通过以下方式培养学生的审美情趣和艺术素养。一是组织专业的教师团队，对青花线描的艺术风格和表现手法进行深入研究，制订科学的教学计划和教学方案；二是通过课堂教学、实践操作和作品展示等多种形式，让学生全面了解青花线描的艺术魅力和创作过程；三是鼓励学生积极参与创作实践，让他们在实践中锻炼自己的艺术表现力和创造力；四是邀请艺术家和专家来校举办讲座和指导，为学生提供更广阔的学习视野和创作灵感；五是加强与其他艺术形式的交流和融合，如绘画、书法等，让学生在多元化的艺术体验中丰富自己的艺术素养。

（三）提高学生的动手能力和实践能力

青花线描作为一种需要高度动手实践的艺术形式，其创作过程不仅是对学生绘画技能的锻炼，更是对他们动手能力和实践能力的全面提升。在小学阶段开设青花线描校本特色课程，正是为了让学生在实践中学习，通过亲手操作来掌握技艺，从而切实提升他们的动手能力和实践能力。

青花线描的创作从选材开始就需要学生的积极参与，学生需要学会识别不同的陶瓷原料，了解它们的特性和用途，从而选出最适合自己作品的材料。这一过程不仅培养了学生的观察力和判断力，还让他们在实践中学会了如何根据实际情况做出选择。

设计环节更是考验学生的创新能力和实践能力，在设计青花线描作品时，学生需充分发挥自己的想象力，将心中的构思通过线条和色彩表达出来。在这个过程中，学生需要不断尝试和调整，直至找到最满意的设计方案，让他们学会如何在实践中不断修正和完善自己的想法。

绘制环节是对学生动手能力的直接锻炼。在绘制青花线描作品时，学生需要掌握细腻的笔触和准确的线条勾勒技巧，这需要他们反复练习和耐心打磨，直至能够熟练地将设计图转化为实际的陶瓷作品。在这一过程中，学生的手部协调能力得到了极大的提升，同时也学会了如何在实践中保持耐心和专注。

烧制环节则是对学生实践能力的全面检验。在烧制过程中，学生需要了解不同温度对陶瓷作品的影响，掌握火候的控制技巧。他们需要根据自己的作品特点调整烧制时间和温度，以确保作品能够完美呈现。在这一过程中，学生不仅学会了如何运用科学知识解决实际问题，还培养了他们的实践能力和解决问题的能力。

通过青花线描课程的实践学习，学生的动手能力和实践能力得到了显著提升。他们不仅掌握了青花线描的创作技艺，还学会了如何在实践中学习和成长。

（四）促进学生的个性发展和创新精神

青花线描作为一种独特的艺术形式，其创作过程鼓励学生发挥个性、展现创意，为学生提供了一个展现自我、发展个性的平台。在小学阶段开设青花线描校本特色课程，旨在激发学生的个性发展和创新精神，培养具有独特艺术见解和创造力的新时代人才。

在青花线描的创作过程中，每个学生都有机会表达自己的思想和情感。他们可以通过自己的设计，展现对美的独特理解和追求。个性化的创作过程让学生感受到了创作的乐趣，在实践中学会了如何表达自我、展现个性。

青花线描的创作也要求学生具备创新精神。在创作过程中，学生需要不断尝试新的表现手法和进行技法创新，以呈现出更加独特、新颖的作品。创新精神的培养不仅激发了学生的创造欲望和好奇心，还让他们学会了如何在实践中不断挑战和超越自我。

通过青花线描课程的学习和实践，学生的个性得到了充分的发展。他们不再满足于模仿和复制，而是开始勇敢地表达自己的思想和情感，展现出独特的艺术见解和创造力。个性的发展让学生更加自信、独立，为他们未来的职业发展和社会适应提供了有力的支持。

青花线描课程还为学生提供了一个宽松、自由的创作环境。在这个环境中，学生可以自由发挥想象力，尝试各种不同的创作方式和风格。自由的创作环境让学生感受到了创作的乐趣和成就感，进一步激发了他们的创作热情和创新精神。

（五）加强学校特色文化建设

开设青花线描校本特色课程，不仅有助于学生的全面发展，更是学校特色文化建设的关键一环。这一课程的实施，不仅为学生提供了一个深入了解和学习中国传统文化的平台，也为学校营造了一种独特的艺术氛围和文化底蕴，从而显著提升了学校的文化品位和办学特色。

青花线描课程作为学校特色文化的一部分，为学校注入了新的活力和内涵。通过青花线描的学习和实践，学生们能够亲身感受到中国传统文化的博大精深和独特魅力，文化的熏陶和浸染将深深地植根于他们的心中，成为他们成长道路上不可或缺的精神食粮。学生们在创作青花线描作品的过程中，不仅能够锻炼自己的动手能力和实践能力，还能够培养自己的审美情趣和艺术素养。

青花线描课程的开设有助于形成学校独特的艺术氛围和文化底蕴，学校可以通过组织青花线描作品展览、艺术交流等活动，让学生们有机会展示自己的作品，与其他艺术家和爱好者进行交流和互动。青花线描艺术活动不仅能够丰富学生的课余生活，还能够增强学校的文化氛围和艺术气息，让学校成为一个充满活力和创造力的艺术殿堂。学校还可以将青花线描课程与其他学科进行融合，如语文、历史等，让学生在跨学科的学习中更好地理解和欣赏中华优秀传统文化，从而增强学校的文化自信心和自豪感。

青花线描课程还能够成为学校与其他学校交流和合作的重要载体。学校可以通过组织青花线描艺术研讨会、校际艺术交流等活动，与其他学校分享自己的教学经验和成果，同时也学习借鉴其他学校的优秀做法和创新思路。校际的交流和合作不仅能够促进学校文化的传播和发展，还能够增强学校之间的友谊和互信，为学校的长远发展奠定坚实的基础。

在加强学校特色文化建设的过程中，青花线描课程发挥着不可替代的作用。它不仅能够丰富学生的精神世界和文化生活，还能够提升学校的文化品位和办学特色。通过青花线描课程的学习和实践，学生们不仅能够掌握一门独特的艺术技能，还能够培养自己的审美情趣和创新精神，这些素质的培养将为他们未来的职业发展和社会适应提供有力的支持。

因此，学校应该高度重视青花线描课程的开设和实施工作，加强师资队伍建设、完善教学设施、丰富教学内容和形式等方面的工作，确保青花线描课程能够真正发挥其在学校特色文化建设中的重要作用。学校还应该积极推广和宣传青花线描课程成果和经验做法，让更多的人了解和认识这一独特的艺术形式和文化内涵，为推动中华优秀传统文化的传承和发展贡献自己的力量。

二、青花线描课程教学目的

小学青花线描校本特色课程的开设旨在培养学生对传统艺术的兴趣和爱好，提升他们的综合素质和能力，包括观察力、想象力和创新思维等。该课程旨在推动学校艺术教育的发展和创新，加强学校与社会的联系和互动，最终为学生未来的职业发展和社会适应提供坚实的艺术素养和创新能力支持。

（一）培养学生对传统艺术的兴趣和爱好

在小学阶段开设青花线描课程，首要目的是培养学生对传统艺术的兴趣和爱好。青花线描作为中国传统陶瓷艺术的瑰宝，蕴含着丰富的历史信息和深厚的文化底蕴，是连接过去与现在、传统与创新的桥梁。通过学习青花线描，学生将有机会亲身接触和感受这一传统艺术形式的独特魅力，从而激发他们对传统艺术的兴趣和热爱。

青花线描课程的学习过程，将使学生深入了解青花线描的起源、发展和艺术特点。通过欣赏经典的青花线描作品，学生将被其精美的图案、独特的色彩搭配和细腻的笔触所吸引，进而产生强烈的探索欲望。在教师的引导下，学生将逐渐学会如何绘制青花线描作品，从选材、构图到上色等各个环节，每一步都将让学生感受到传统艺术的魅力和挑战。

随着学习的深入，学生将逐渐发现青花线描艺术的无穷魅力。他们会在创作过程中不断尝试新的表现手法和进行技法创新，将自己的想象力和创造力融入到作品中。创作过程将让学生更加深入地理解传统艺术的精神内涵和价值观念，从而进一步加深他们对传统艺术的兴趣和爱好。

培养对传统艺术的兴趣和爱好，不仅有助于学生更好地传承和弘扬中华优秀传统文化，还能够为他们未来的艺术学习和职业发展奠定坚实的基础。在兴趣的驱动下，学生将更加主动地探索和学习各种传统艺术形式，不断拓展自己的艺术视野和知识面。兴趣和爱好的培养还将激发学生的创造力和创新精神，为他们在艺术领域取得更高的成就提供有力的支持。

（二）提高学生的综合素质和能力

青花线描课程的学习不仅涉及绘画技能的培养，更是一个全面提升学生综合素质和能力的过程。这一课程的学习涉及多个方面的知识和技能，如绘画、设计、色彩搭配等，这些知识和技能的学习将有助于学生提高自身的综合素质和能力。

通过学习青花线描的绘画技巧，学生将能够锻炼自己的观察力和表现力。在绘制青花线描作品的过程中，学生需要仔细观察实物或图片，捕捉其形态、结构和特点，然后运用线条和色彩将其准确地表达出来。这一过程将锻炼学生的观察力和表现力，使他们能够更加敏锐地捕捉事物的本质和特征。

青花线描课程的学习将培养学生的设计能力和创新思维。在创作青花线描作品时，学生需要根据自己的想象和创意进行构图和色彩搭配。这要求学生具备较高的设计能力和创新思维，能够灵活运用所学知识进行创作。通过不断尝试和探索新的表现手法和进行技法创新，学生的设计能力和创新思维将得到极大的提升。

青花线描课程的学习还将锻炼学生的耐心和毅力。绘制青花线描作品需要花费大量的时间和精力，学生需要保持耐心和毅力，不断调整和完善自己的作品。这一过程将培养学生的耐心和毅力，使他们能够在面对困难和挑战时保持冷静和坚韧不拔的精神。

最重要的是，青花线描课程的学习将提高学生的综合素质和能力。这些素质和能力不仅对于艺术领域的学习和发展具有重要意义，也将为学生未来的学习和生活提供有力的支持。例如，观察力、表现力和创新思维将有助于学生在其他学科的学习中取得更好的成绩；设计能力和创新思维将有助于学生在未来的职业发展中发挥更大的潜力；耐心和毅力将有助于学生在面对生活中的挑战时保持积极和乐观的态度。

（三）推动学校艺术教育的发展和创新

在小学阶段开设青花线描课程，无疑将极大地推动学校艺术教育的发展和创新，不仅为学校的艺术教育注入了新的活力，更为其带来了深远的发展前景。

青花线描课程的引入丰富了学校艺术教育的内容和形式。传统的艺术教育往往局限于绘画、音乐、舞蹈等常见的艺术形式，而青花线描作为一种独特的中国传统艺术形式，其丰富的历史内涵和独特的艺术魅力，为学校艺术教育带来了新的元素和视角。通过学习青花线描，学生们能够接触到不同的艺术风格和表现手法，拓宽他们的艺术视野，激发他们的艺术兴趣。

青花线描课程的开设提高了艺术教育的质量和水平。青花线描的学习不仅要求学生掌握基本的绘画技巧，还涉及设计、色彩搭配等多方面的知识和技能。综合性的学习模式有助于提升学生的综合素质和能力，培养他们的创新精神和实践能力。教师在青花线描课程的教学中，也需要不断更新自己的知识和技能，提高自己的教学水平。

青花线描课程的开设激发了教师的创新精神和教学热情。在传统的教学模式中，教师往往扮演着知识传授者的角色，而在青花线描课程的教学中，教师需要不断探索新的教学方法和手段，以满足学生的个性化需求。创新精神和教学热情将激励教师更加积极地投入到艺术教育中，推动艺术教育教学的改革和创新。

青花线描课程的开设也为学校艺术教育的发展带来了更广阔的空间。随着全球化的发展和信息技术的普及，学校艺术教育面临着前所未有的机遇和挑战。青花线描课程的开设为学校提供了一个展示自身特色和优势的平台，有助于提升学校的知名度和影响力。通过与国内外其他学校的交流与合作，学校可以借鉴和吸收先进的艺术教育理念和经验，进一步推动学校艺术教育的发展和创新。

（四）促进学校与社会的联系和互动

青花线描课程的开设不仅在学校内部产生了深远的影响，还极大地促进了学校与社会的联系和互动。这一课程的学习和实践需要学生走出校园、接触社会。通过参与各种社会实践活动和社区文化活动，使学生更好地了解社会、服务社会，同时也加强了学校与社会的联系和互动。

青花线描课程的学习需要学生走出校园，参与社会实践。在学习过程中，学生将有机会参观陶瓷工厂、博物馆等场所，了解青花线描的制作工艺和历史背景。实地考察的学习方式使学生能够更加直观地感受到青花线描的艺术魅力，同时也加深了他们对社会和文化的理解。通过参与社会实践，学生将学会如何将所学知识应用于实际生活中，提高自己的实践能力和社会责任感。

青花线描课程的学习鼓励学生参与社区文化活动。学校可以组织青花线描作品展览、艺术交流等活动，邀请社区居民和艺术家共同参与。这些活动不仅为学生提供了展示自己才华的机会，也加强了学校与社区的联系和互动。通过参与社区文化活动，学生将有机会与不同背景的人交流互动，拓宽自己的视野和人际关系。这些活动也有助于提升社区的文化氛围和居民的文化素养，促进社区的和谐发展。

青花线描课程的开设为学校与社会的合作提供了更多的机会。学校可以与陶瓷工厂、博物馆等机构建立合作关系，共同开展教学和研究活动。合作模式有助于学校充分利用社会资源，提高教育教学的质量和水平。通过与社会的合作，学校还可以更好地了解社会的需求和变化，及时调整自己的教育策略和方向。

青花线描课程的开设也有助于提升学生的社会适应能力。在学习和实践过程中，学生将学会如何与他人合作、如何解决问题等重要的社会技能。这些技能将为学生未来的职业发展和社会生活提供有力的支持。通过与社会的互动和合作，学生将更加深入地了解社会的运作方式和规则，提高自己的社会适应能力。

（五）为学生未来的职业发展和社会适应提供有力支持

在小学阶段开设青花线描课程，其深远的意义不仅在于艺术技能的培养，更在于为学生未来的职业发展和社会适应提供坚实的支持。通过青花线描课程的学习和实践，学生们能够获得一系列宝贵的素质和能力，这些素质和能力将在他们未来的职业生涯中发挥重要作用，使他们能够更好地适应社会，实现个人价值。

青花线描课程的学习能够培养学生的艺术素养。艺术素养是一种对美的感知、欣赏和创造的能力，它不仅能够让学生欣赏到青花线描这一传统艺术形式的独特魅力，更能够让他们在日常生活中发现美、创造美。这种艺术素养的培养将使学生具备更高的审美水平，使他们在面对各种艺术形式和作品时能够有更深入的理解和感悟。艺术素养在未来的职业发展中将具有重要意义，无论是从事与艺术相关的职业，还是在其他领域工作，艺术素养都能够为学生带来独特的视角和创造力，使他们在工作中脱颖而出。

在青花线描的创作过程中，学生需要不断尝试新的表现手法和进行技法创新，这种创新精神的培养将使学生具备更强的创新意识和能力。在未来的职业发展中，创新能力将成为衡量一个人综合素质的重要标准。无论是在产品设计、广告创意、软件开发等领域，还是在企业管理、市场营销等方面，创新能力都将成为推动个人和组织发展的关键动力。通过青花线描课程的学习，学生们将能够掌握创新的思维方法和技巧，为未来的职业发展奠定坚实的基础。

在创作过程中，学生需要与同学、老师进行密切的交流和合作，共同解决问题、完成作品，团队合作和沟通的经历将使学生学会如何与他人协作、如何表达自己的观点和想法。在未来的职业发展中，团队合作和沟通能力将成为一个人不可或缺的基本素质。无论是在团队项目中协作完成任务，还是在日常工作中与同事、客户沟通交流，这些能力都将成为学生实现个人价值、推动团队进步的重要保障。

青花线描的创作需要花费大量的时间和精力，学生需要反复练习、不断尝试才能够掌握基本的技巧和方法。在这一过程中，耐心和毅力的培养将使学生具备更强的抗压能力和适应能力。在未来的职业发展中，无论是面对工作中的困难和挑战，还是面对生活中的压力和挫折，学生们都能够保持冷静、坚韧不拔的精神状态，积极面对并解决问题。

第三节 青花线描课程的传承与创新

在小学阶段开设青花线描课程，旨在传承传统艺术精髓、积极寻求创新与发展。课程不仅深入传授经典技法和文化内涵，还鼓励学生融入现代元素，探索新的表现手法和题材，展现个性风采。通过多样化的展示和教育形式，激发学生的创造力和审美情趣，培养他们对传统文化的热爱和尊重。青花线描课程的传承与创新，既是对中华优秀传统文化的弘扬，也是对学生全面发展的有力促进。

一、青花线描课程的技艺与文化传承

青花线描课程致力于技艺和文化的双重传承。通过经典技法的学习、名家作品的临摹、传统工艺的体验以及文化背景的深入解读等，使学生掌握青花线描艺术精髓，理解其历史脉络和文化内涵，同时融入传统节日习俗，促进跨文化交流与合作，共同推动这一传统艺术的传承与发展。

（一）技艺传承

1.经典技法的学习

青花线描艺术作为中国传统陶瓷艺术的瑰宝，其独特之处不仅在于其优雅的色彩和图案设计，更在于其精湛的艺术技法。在青花线描课程中，经典技法的学习无疑是基础且关键的一环。这些技法，如勾勒、渲染和点染等，是构成青花线描独特艺术魅力的核心要素。

勾勒技法作为青花线描的基础技法，要求学生运用精细的笔触勾勒出图案的轮廓。这一过程看似简单，实则需要极高的准确性和稳定性。勾勒不仅是简单的线条勾画，更是对物体形态、结构和细节的精准把握。在学习过程中，教师需要引导学生从简单的线条练习开始，逐渐过渡到复杂的图案勾勒。通过大量的实践，学生将逐渐熟悉笔触的力度、速度和角度，从而能够精准地勾勒出各种图案的轮廓。精准性不仅体现在线条的流畅和连贯上，更体现在对物体形态和结构的准确捕捉上。在勾勒技法的学习中，学生还需要了解不同线条的表现力和情感色彩。不同的线条可以传达出不同的情感和氛围，如直线的坚定、曲线的柔和、粗线的豪放和细线的精致等。通过学习如何运用不同的线条表现不同的情感和氛围，学生可以更加深入地理解青花线描艺术的内涵和魅力。

渲染技法是青花线描中另一个重要的技法，它涉及颜色的层层叠加和过渡，以营造出丰富的层次感和立体感。在渲染过程中，学生需要掌握不同颜料的特性和用法，了解如何调配出合适的色彩，并学会运用不同的笔触和力度来控制颜色的深浅和过渡。渲染技法的学习需要学生具备耐心和细心。因为颜色的叠加和过渡需要精确的控制和细致的观察。在渲染过程中，学生需要反复尝试和调整，以达到理想的效果。通过大量的实践练习，学生将逐渐掌握渲染技法的要领和技巧，能够自如地运用不同的颜色和笔触来表现不同的情感和氛围。渲染技法的学习还需要学生具备一定的艺术感知力和审美能力，因为渲染不仅仅是颜色的叠加和过渡，更是对画面整体氛围和情感的营造。通过学习如何运用渲染技法来营造不同的氛围和情感，学生可以更加深入地理解青花线描艺术的审美特点和艺术价值。

2. 名家作品的临摹

在青花线描课程中，名家作品的临摹是技艺传承的重要途径之一。通过临摹名家作品，学生可以更直观地感受到青花线描的艺术魅力，并在实践中逐渐掌握技法的运用。

在临摹过程中，教师需要选取一些具有代表性的名家作品供学生临摹练习。这些作品不仅具有高超的艺术水平，而且能够直观地展示青花线描的技法和风格。在临摹之前，教师需要引导学生仔细观察作品的特点和技法运用，理解作者的创作意图和表现方式。教师还需要向学生介绍作品的背景知识和文化内涵，以便学生更好地理解作品的艺术价值和文化意义。

在临摹过程中，学生需要注重细节和整体的把握。他们需要仔细观察作品中的线条、色彩和构图等方面的细节处理，并尝试模仿作者的技法和风格。学生还需要注重整体效果的呈现，不断调整和完善自己的作品以达到与原作相似的艺术效果。

除了模仿原作之外，教师还应鼓励学生发挥自己的创造力和想象力，尝试在临摹的基础上加入自己的理解和创新。学生可以在原作的基础上进行局部修改或添加新的元素来表达自己的思想和情感。通过不断的临摹和创作实践，学生将逐渐掌握青花线描的技法和风格，形成自己独特的艺术风格。

3.传统工艺的体验

青花线描作为中国传统陶瓷艺术的代表，其魅力不仅体现在绘画艺术上，更深深植根于陶瓷制作的传统工艺之中。为了让学生全面而深入地理解青花线描艺术的精髓，在课程设计中特别安排了传统工艺的体验环节，使学生能够亲手触摸、感受陶瓷制作的魅力。

在参观陶瓷工厂的过程中，学生们仿佛穿越时空，回到了那个手工陶瓷繁荣的年代。他们目睹了陶瓷原料的挑选和处理，见证了从粗糙的泥土到光滑细腻的陶瓷坯体的蜕变。陶瓷成型技术的运用让学生们惊叹不已，无论是手工拉坯还是模具压制，都展示了匠人们高超的技艺和对艺术的执着追求。

釉料的配制和涂抹是陶瓷制作中不可或缺的一环。学生们学习了不同釉料的特点和用途，亲手为陶瓷坯体涂抹上色彩丰富的釉料。他们了解到，釉料的选择和涂抹方式不仅影响陶瓷的美观度，还关系到陶瓷的耐用性和品质。

烧制是陶瓷制作中最为神秘和关键的一环。学生们在专业人士的指导下，了解了烧制的温度和时间控制对陶瓷成品的影响。他们亲眼见证了陶瓷在高温中逐渐变得坚硬、光滑，内心充满了对陶瓷艺术的敬畏和钦佩。

通过亲手操作和实践，学生们不仅加深了对青花线描艺术本质和制作过程的理解，还体会到了传统工艺的魅力和价值。他们意识到，每一件精美的陶瓷作品背后都蕴含着匠人们的心血和智慧，是对传统文化的传承和发扬。

4.传统文化的渗透

青花线描艺术不仅仅是一种绘画技巧或陶瓷制作工艺，它更承载着丰富的传统文化内涵。在青花线描课程的教学过程中，教师注重传统文化的渗透，引导学生深入理解青花线描与中国传统文化、哲学思想之间的联系。

教师通过讲解相关的历史背景、文化故事和哲学思想，让学生们了解到青花线描艺术的起源和发展历程，以及它在不同历史时期所承载的文化意义。学生们了解到，青花线描艺术不仅反映了当时社会的审美观念和生活方式，还蕴含着中华民族对自然、生命和宇宙的理解和探索。

在教学过程中，教师鼓励学生将传统文化元素融入自己的作品中。他们引导学生从传统文化中汲取灵感，创作出具有独特文化韵味和时代感的青花线描作品，让他们更加深入地理解了传统文化的魅力和价值。

教师还注重培养学生的文化素养和人文精神，他们引导学生关注生活中的传统文化元素，了解并尊重不同文化之间的差异和多样性。通过这种教育，学生们不仅学会了欣赏和创作青花线描艺术，还培养了一种开放、包容、尊重多元文化的态度和价值观。

传统文化的渗透不仅丰富了青花线描课程的教学内容，还提升了学生的文化自觉性和自信心。他们更加珍视和热爱自己的传统文化，愿意为之传承和发扬贡献自己的力量。这种文化素养和人文精神的培养将伴随学生一生，成为他们追求美好生活的重要支撑。

（二）文化传承

1.历史脉络的梳理

青花线描艺术，作为中国传统陶瓷艺术的瑰宝，承载着深厚的文化底蕴和丰富的历史信息。在青花线描课程中，为学生梳理其历史脉络，不仅是传承这一艺术形式的重要步骤，更是引导学生深入了解其独特魅力的关键。

在课程设计中，可以安排专门的时间，为学生呈现青花线描艺术从起源到发展的完整历程。这一历程跨越了多个朝代，每一个时期都有其独特的艺术风格和特点。起始于唐代的青花线描，虽然当时并未形成完整的艺术形式，但已经为后来的发展奠定了坚实的基础。到了宋代，青花线描艺术开始萌芽，一些陶瓷工匠开始尝试在瓷器上绘制青色图案，这种尝试为元代的繁荣奠定了基础。

元代是青花线描艺术的鼎盛时期，这一时期，景德镇窑工在继承传统的基础上，成功创烧了成熟的青花瓷，青花线描艺术也随之达到了一个新的高度。元代的青花线描作品，无论是构图设计还是色彩运用，都达到了极高的艺术水平。这一时期的青花线描作品还融入了许多外来文化元素，形成了独特的艺术风格。

明清时期，青花线描艺术继续发展，并形成了各自独特的风格和特点。明代的青花线描作品更加注重细节的表现，色彩运用也更加丰富多样。而清代的青花线描作品则更加注重整体效果的呈现，构图更加严谨，线条更加流畅。这一时期的青花线描作品不仅具有极高的艺术价值，还体现了中国传统文化的深厚底蕴。

在梳理历史脉络的过程中，教师可以通过图片、实物等多种方式展示不同历史时期的青花线描作品，让学生直观地感受到其艺术风格和特点的变化。教师还可以结合历史背景、社会环境等因素，分析青花线描艺术发展的原因和规律，引导学生深入思考其背后的文化内涵和精神价值。

通过对青花线描艺术历史脉络的梳理，学生不仅能够了解这一艺术形式的发展历程，还能够更好地理解其独特魅力和文化内涵，激发学生对传统文化的热爱和尊重，促进他们对中国传统文化的传承和发扬。

2. 文化背景的解读

青花线描艺术不仅是中国传统陶瓷艺术的瑰宝，更是中国传统文化的重要组成部分。在青花线描课程中，加强对文化背景的解读，是引导学生深入理解这一艺术形式的关键。

青花线描艺术与中国传统文化密切相关，其背后蕴含着丰富的文化内涵和精神价值。青花线描艺术体现了中国人对自然美的追求和崇尚。在青花线描作品中，山水、花鸟、人物等自然元素被赋予了丰富的象征意义，表达了人们对自然和谐共生的向往和追求。对自然美的追求和崇尚，正是中国传统文化中"天人合一"思想的体现。

在构图和色彩运用上，青花线描作品体现了阴阳五行等哲学思想的影响。例如，在构图上，青花线描作品注重整体布局的和谐统一，体现了阴阳平衡的思想；在色彩运用上，青色作为主色调，象征着生命的活力和生机，与五行中的"木"属性相呼应。哲学思想的融入使得青花线描作品不仅具有极高的艺术价值，还蕴含了深刻的文化内涵。

在青花线描作品中，我们可以看到许多传统图案和纹样的运用，如龙凤呈祥、牡丹富贵等。这些传统图案和纹样不仅具有丰富的文化内涵，还承载着人们对美好生活的向往和追求。通过对这些传统图案和纹样的学习和了解，学生可以更加深入地理解中国传统文化的独特魅力和精神内涵。

在课程中加强对文化背景的解读，教师可以结合相关的历史文献、文化故事和哲学思想，为学生深入剖析青花线描艺术所蕴含的文化内涵和精神价值。教师还可以引导学生从自己的文化背景出发，思考青花线描艺术与自己文化之间的联系和差异，从而更全面地理解这一艺术形式的文化意义。通过对文化背景的深入解读，学生不仅能够更好地理解青花线描艺术的独特魅力，还能够增强对传统文化的热爱和尊重。

3. 传统节日与习俗的融入

在中国丰富多彩的传统文化中，传统节日和习俗承载着深厚的文化内涵和历史底蕴。将青花线描艺术与中国传统节日和习俗相结合，不仅能够激发学生对传统文化的兴趣，还能够促进他们对青花线描艺术的深入理解与掌握。传统节日与习俗文化的融入不仅丰富了教学内容，也为学生提供了一个独特的视角去欣赏和创作青花线描作品。

在春节这一中国最重要的传统节日中，喜庆、团圆和祝福是永恒的主题。教师可以引导学生以春节为主题，创作青花线描作品。例如，可以让学生绘制传统的春节元素，如鞭炮、春联、福字等，或者描绘一家人围坐在餐桌前吃年夜饭的温馨场景。通过这样的创作过程，学生不仅能够学习到青花线描的技法，还能够深入了解春节的文化内涵，感受到节日的喜庆氛围。

端午节，作为中国传统节日中的重要节日，有着丰富的民俗活动和深厚的文化底蕴。在这个节日里，赛龙舟、吃粽子等习俗深受人们喜爱。教师可以引导学生以端午节为主题，创作青花线描作品。例如，可以让学生绘制龙舟竞渡的激烈场景，或者描绘粽子的制作过程。这样的创作不仅能够锻炼学生的绘画技巧，还能够让他们更深入地了解端午节的传统习俗和文化内涵。

除了春节和端午节外，中国的传统节日还有很多，如中秋节、清明节、重阳节等。每一个节日都有其独特的文化内涵和习俗活动。在青花线描课程中，教师可以根据节日的特点，引导学生创作与节日相关的作品。例如，在中秋节，可以引导学生绘制月亮、兔子和月饼等元素；在清明节，可以引导学生描绘踏青、扫墓等习俗场景；在重阳节，可以引导学生创作与菊花、登高相关的作品。

通过结合传统节日和习俗进行青花线描创作，学生不仅能够学习到绘画技巧，还能够深入了解中国传统文化的精髓，如此不仅丰富了课程内容，也为学生提供了一个展示自己才华和创造力的平台。在创作过程中，学生需要仔细观察、认真思考，将传统元素与现代审美相结合，创作出具有个人风格和时代特色的作品，可更好地锻炼学生的观察力和想象力，还能够培养他们的创新精神。

二、青花线描课程的多元创新

青花线描课程的创新体现在技法上融入现代元素和探索新的表现手法，内容上拓展主题和题材，鼓励个性化表达，形式上通过多样化的展示和教育方法，激发学生的学习兴趣和创造力，促进传统艺术的现代转化和个性化发展。

（一）技法创新

1. 现代元素的融入

在青花线描艺术的传承与发展中，技法创新扮演着至关重要的角色。其中，现代元素的融入是技法创新的一个重要方向。传统青花线描技法以其独特的艺术魅力和深厚的文化底蕴吸引了无数艺术家和爱好者的关注，但在现代社会，如何使这一古老艺术形式焕发新的生机与活力，成为我们需要思考的问题。

现代元素的融入，是指在继承传统青花线描技法的基础上，尝试将现代设计理念、新材料和新技术等元素融入到创作中。

首先，现代设计理念的运用可以使青花线描作品在构图设计上更加新颖、独特。传统青花线描作品在构图上往往注重对称、平衡和层次感，而现代设计理念则更加注重个性化和创新。艺术家可以借鉴现代设计的构图原则和技巧，结合青花线描的特点，创作出既符合传统审美又具有现代感的作品。

其次，新材料和新技术的运用也为青花线描技法创新提供了可能。传统青花线描作品通常使用钴料作为着色剂，而现代科技的发展为我们提供了更多种类的颜料和工具。艺术家可以尝试使用新材料进行创作，如使用金属颜料、荧光颜料等，使作品呈现出不同的视觉效果。现代科技手段如数字化技术、3D打印技术等也可以应用于青花线描作品的制作中，为作品带来全新的表现形式和可能性。

最后，现代元素的融入不仅使青花线描作品在视觉上更加丰富多彩，更重要的是它拓宽了艺术家的创作思路和表达方式。艺术家可以通过现代元素的融入，将传统青花线描技法与现代审美观念相结合，创作出既有传统韵味又具有现代感的作品。这一创新不仅是对传统青花线描技法的传承和发展，更是对现代审美观念的探索和尝试。

2. 表现手法的探索

在青花线描技法创新中，表现手法的探索同样具有重要意义。传统青花线描技法以线条勾勒为主要表现手段，通过精细的笔触和丰富的色彩层次来塑造形象、表达情感。然而，在现代社会，随着审美观念的变化和艺术形式的多样化，我们需要探索新的表现手法来丰富青花线描艺术的表现力。

传统青花线描作品在笔触上往往注重精细和流畅，而现代艺术家可以尝试使用粗犷、断续或扭曲的笔触来表现不同的情感和意境。例如，使用粗犷的笔触可以表达豪放、奔放的情感；使用断续的笔触可以营造神秘、朦胧的氛围；使用扭曲的笔触则可以表现扭曲、变形的形象。

传统青花线描作品在表现上往往注重平面的装饰效果，而现代艺术家可以借鉴绘画中的光影处理和空间营造技巧，使青花线描作品呈现出立体感和层次感。例如，通过明暗对比和色彩渐变来表现光影效果；通过透视原理和构图安排来营造空间感。

学生还可以尝试将其他艺术形式的表现手法融入到青花线描创作中。例如，借鉴中国画的泼墨技法、西方绘画的色彩运用等，使青花线描作品在表现上更加丰富多彩。跨艺术形式的表现手法探索将为青花线描艺术注入新的活力，推动其向更加多元化和个性化的方向发展。

3. 跨学科融合的创作

在青花线描技法创新中，跨学科融合的创作方式也为艺术家提供了更多的灵感和可能性。青花线描艺术作为一种独特的视觉艺术形式，与其他学科之间存在着密切的联系和互动。通过跨学科融合的创作方式，可以将不同学科的知识和元素融入到青花线描创作中，从而拓展其表现范围和深度。

与语文学科的结合可以为青花线描创作提供丰富的故事性素材。语文学科中包含了大量的文学作品和历史故事，这些素材可以为青花线描创作提供丰富的主题和情节。艺术家可以通过阅读文学作品、了解历史故事等方式获取灵感，将故事情节和人物形象融入到青花线描作品中，使作品具有更强的叙事性和情感表达力。

与数学学科的结合可以为青花线描创作提供几何图形设计的基础。数学学科中包含了丰富的几何知识和图形理论，这些知识可以为青花线描作品的构图和设计提供科学依据。艺术家可以通过运用几何原理和图形规律来设计出具有独特美感和视觉冲击力的作品。

与科学学科的结合可以为青花线描创作提供科学实验记录和科普知识的展示平台。科学学科中包含了大量的实验现象和科普知识，这些元素可以为青花线描作品提供独特的创作素材和表现主题。艺术家可以通过观察实验现象、了解科普知识等方式获取灵感，将科学元素融入到青花线描创作中，使作品具有更强的科普性和教育意义。

跨学科融合的创作方式不仅为青花线描艺术注入了新的活力和创意，同时也促进了不同学科之间的交流和互动。通过与其他学科的融合创作，艺术家可以拓宽自己的视野和思路，从多个角度和层面理解和表达青花线描艺术，从而推动其向更加多元化和个性化的方向发展。

（二）内容创新

1. 主题创新

在青花线描艺术中，主题的创新是内容创新的重要方面。传统青花线描作品多以山水、花鸟、人物等传统题材为主，这些题材无疑体现了深厚的文化底蕴和艺术价值。然而，随着时代的变迁和社会的发展，我们需要引导学生关注现实生活和社会现象，从中寻找新的创作灵感和主题，使青花线描作品更具时代感和现实意义。

随着环境问题的日益严重，环保已经成为全球性的议题。我们可以引导学生关注环保问题，以环保为主题进行青花线描创作。例如，通过描绘被污染的河流、砍伐过度的森林等场景，唤起人们对环境问题的关注；或者通过创作以绿色生活、可持续发展为主题的作品，展现人类与自然和谐共生的美好愿景。环保主题创新不仅体现了艺术家对社会责任的担当，也赋予了青花线描作品更深层次的内涵和意义。

随着科技的飞速发展，新的科技产品和现象层出不穷。我们可以引导学生关注科技前沿，以科技为主题进行青花线描创作。例如，通过描绘太空探索、人工智能等场景，展现科技的魅力和未来的无限可能；或者将传统青花线描技法与现代科技元素相结合，创作出具有科技感的作品。此种主题创新不仅拓宽了青花线描艺术的表现范围，也为观众带来了全新的视觉体验。

未来是一个充满无限可能的世界，我们可以引导学生发挥想象力，以未来为主题进行青花线描创作。例如，通过描绘未来城市、太空家园等场景，展现人类对未来生活的美好憧憬；或者通过创作以探索未知、超越自我为主题的作品，鼓励人们勇往直前、追求梦想。这样的未来主题创新不仅激发了艺术家的创作灵感，也为观众提供了思考和想象的空间。

2. 题材的拓展

在青花线描艺术中，题材的拓展是内容创新的另一个重要方面。传统题材虽然经典且具有深厚的文化内涵，但随着时代的发展和社会的变化，需要引导学生拓展更广泛的题材范围，使青花线描作品更加贴近现实生活和社会文化。

随着城市化进程的加速，城市景观已经成为人们生活中不可或缺的一部分。我们可以引导学生关注城市景观的变化和发展，以城市景观为题材进行青花线描创作。例如，通过描绘高楼大厦、立交桥、公园绿地等场景，展现城市的繁华和活力；或者通过捕捉城市中的瞬间和细节，表现城市的多样性和包容性。如此丰富了青花线描艺术的表现内容，也为观众提供了更加真实和贴近生活的视觉体验。

校园生活是学生成长的重要阶段，其中充满了欢笑、泪水、友情和梦想。我们可以引导学生关注校园生活的点滴细节，以校园生活为题材进行青花线描创作。例如，通过描绘课堂场景、课外活动、同学情谊等画面，展现校园生活的丰富多彩和温馨感人；或者通过创作以成长、梦想为主题的作品，鼓励学生们珍惜时光、追求梦想。校园题材拓展不仅让学生们更加深入地了解和体验校园生活，也为他们提供了一个展示自己才华和情感的平台。

民俗文化是一个民族在长期历史发展过程中形成的独特文化形态，它蕴含着丰富的历史信息和文化内涵。我们可以引导学生关注不同地区的民俗文化现象，以民俗文化为题材进行青花线描创作。例如，通过描绘传统节日、民间工艺、民族服饰等元素，展现民俗文化的多样性和魅力；或者通过创作以传承、创新为主题的作品，呼吁人们重视和保护民俗文化遗产，让学生们更加深入地了解和欣赏民俗文化之美，促进不同文化之间的交流和融合。

3. 个性化表达

在青花线描艺术中，个性化表达是内容创新的关键所在。每一件青花线描作品都应该是独一无二的，它应该承载着学生的独特思考和情感表达。因此，需要鼓励学生发挥个性特长和创造力，在青花线描创作中表达自己的思想和情感。

我们可以引导学生关注自己的内心世界和情感体验，每个人都有自己的故事和情感经历，这些都可以成为创作的灵感来源。学生可以通过青花线描作品来表达自己的喜怒哀乐等情感体验，让观众在欣赏作品的同时感受到学生的情感共鸣。

鼓励学生尝试不同的艺术风格和表现手法，青花线描艺术虽然有其独特的艺术风格和表现手法，但学生也可以尝试融入其他艺术元素和风格，形成自己独特的艺术风格。例如，可以将西方绘画的色彩运用融入到青花线描创作中，或者将民间艺术的元素融入到作品中，形成独特的艺术效果。个性化表达不仅展现了学生的独特才华和创造力，也为观众带来了更加丰富多彩的视觉体验。

艺术创作是一个不断探索和尝试的过程，学生需要保持对未知的好奇心和探索精神。在创作过程中，学生可以尝试不同的创作方法和材料，勇于尝试和突破自己的局限。学生也需要尊重他人的创作成果和风格，保持开放和包容的心态与其他学生进行交流和合作。个性化表达不仅促进了学生自身的成长和发展，也推动了青花线描艺术的不断创新和发展。

（三）形式创新

1. 展示形式的多样化

在青花线描艺术的传承与发展中，展示形式的多样化不仅为学生提供了更广阔的舞台，也为观众带来了全新的观赏体验。传统的画展形式虽然经典，但已经难以满足现代观众对于多元化、互动性的需求。因此，探索更多样化的展示形式成为推动青花线描艺术创新的重要途径。

利用数字媒体和网络平台进行线上展示和交流，是展示形式创新的一个重要方向。随着信息技术的飞速发展，数字媒体和网络平台已经成为人们获取信息、交流思想的重要渠道。学生可以将自己的青花线描作品通过网站、社交媒体等渠道进行展示，让观众随时随地欣赏到这些精美的艺术品。线上展示还可以结合虚拟现实技术，为观众带来沉浸式的观赏体验，让他们仿佛置身于作品之中，感受艺术的魅力。

线上展示形式的优势在于其便捷性和互动性，观众可以通过网络随时访问展示平台，浏览和欣赏作品；他们还可以在评论区留言、分享自己的感受，与其他观众和学生进行互动交流。互动性不仅增强了观众的参与感和归属感，也为学生提供了更多的反馈和建议，促进了作品的不断完善和创新。

除了线上展示外，利用虚拟现实技术进行沉浸式体验展示也是一种创新的展示形式。虚拟现实技术通过模拟真实环境或创造虚拟世界，为观众带来身临其境的观赏体验。在青花线描艺术的展示中，学生可以利用虚拟现实技术创建出一个虚拟的陶瓷工坊或博物馆环境，让观众在其中自由探索、欣赏作品。沉浸式体验不仅让观众更加深入地了解青花线描艺术的制作过程和历史文化背景，也增强了他们的艺术感知力和审美体验。虚拟现实展示形式的创新之处在于其高度还原性和沉浸感。通过虚拟现实技术，学生可以精确还原出作品的色彩、质感和细节特征，让观众在视觉上获得更加真实和细腻的感知。虚拟现实技术还可以创造出丰富的互动元素和情节设计，让观众在沉浸式的体验中感受到更加深刻的艺术魅力和文化内涵。

2. 教育形式的创新

在青花线描课程的教学中，教育形式的创新同样具有重要意义。传统的课堂教学形式虽然经典且有效，但在培养学生的创新能力和实践能力方面存在一定的局限性。因此，引入更多的创新教育形式成为推动青花线描课程教学改革的关键所在。

利用项目式学习法引导学生进行自主探究和实践，项目式学习法强调学生的主体性和实践性。通过设计具有挑战性和趣味性的项目任务，引导学生主动探索和实践青花线描艺术的创作过程和技术要点。在项目实践中，学生需要自主收集资料、设计方案、制作作品并进行展示交流。这一过程不仅锻炼了学生的综合素质和实践能力，也激发了他们的创新精神和团队协作意识。项目式学习法的优势在于其实践性和综合性。通过项目实践，学生可以将理论知识与实践操作相结合，深化对青花线描艺术的理解和掌握。项目实践涉及多个学科领域的知识和技能应用，促进了学生跨学科思维和综合能力的培养。项目式学习法还注重学生的自主探究和团队协作能力的培养，为他们未来的职业发展和社会适应能力奠定坚实的基础。

除了项目式学习法外，利用工作坊形式开展小组合作创作和交流也是一种创新的教育形式。工作坊形式强调学生的参与性和互动性。通过组织小组合作创作和交流活动，让学生在实践中学习、在交流中成长。在工作坊中，学生可以自由组队、共同讨论设计方案和创作思路，可以互相学习、互相借鉴彼此的优点和不足之处。小组合作创作和交流的形式不仅促进了学生之间的友谊和信任关系的建立，也激发了他们的创造力和想象力的发展。工作坊形式的教育创新之处在于其参与性和互动性。通过小组合作创作和交流活动，学生可以更加深入地了解青花线描艺术的创作过程和技巧要点，还可以在互动交流中不断修正和完善自己的作品设计方案和创作思路。

第三章

青花线描课程开发与探索

在中国传统艺术的宝库中，青花线描以其独特的艺术魅力和深厚的文化底蕴，成为连接过去与未来、传统与创新的桥梁。随着时代的发展和教育理念的更新，将青花线描艺术引入小学美术课程，不仅是对传统文化的传承，更是对新时代艺术教育模式的一次有益探索。本章将深入探讨青花线描课程的开发与探索，以期在传承经典的过程中为艺术教育注入新的活力。

青花线描课程的开发，既是对传统艺术形式的尊重与继承，也是对现代教育理念的践行与创新。在这一过程中，我们需要遵循一定的原则，以确保课程的科学性和有效性。这些原则包括注重学生的主体地位，强调课程的实践性和创新性，以及关注课程的系统性和连贯性。只有在这些原则的指导下，我们才能构建出一个既符合学生发展需求，又能展现青花线描艺术魅力的课程体系。

青花线描课程的开发步骤，是一个从理念到实践、从设计到实施的过程。首先，需要明确课程的目标和定位，确定要培养学生的哪些能力和素质。其次，需要对课程内容进行精心设计，选取具有代表性的青花线描作品和技法，确保学生能够在学习过程中全面了解和掌握青花线描的艺术特点。同时，需要制订详细的教学计划和教学策略，确保课程能够有序进行，并取得良好的教学效果。最后，还需要对课程进行评估和反思，及时发现问题并进行改进，以不断提升课程的教学质量和水平。

在青花线描课程的开发过程中，策略的运用至关重要。这些策略不仅能够帮助我们更好地实现课程目标，还能够激发学生的学习兴趣和创造力。例如，可以采用跨学科融合的教学策略，将青花线描与其他学科相结合，拓展学生的视野和思维方式；可以利用现代科技手段，如虚拟现实技术、数字媒体等，为学生创造更加生动、直观的学习体验；还可以鼓励学生进行个性化创作和表达，让他们在青花线描的世界里自由翱翔、尽情发挥。

青花线描课程的开发与探索，是一项既充满挑战又充满机遇的任务。在这一过程中，我们需要不断学习、创新、实践，以期在传承经典的过程中为新时代的艺术教育贡献自己的力量。相信在不久的将来，青花线描课程将成为小学美术课程中的一道亮丽风景线，为学生们带来无尽的艺术享受和成长收获。

第一节　青花线描课程开发原则

在青花线描课程的开发中，要秉持着对传统文化的敬畏与创新精神，致力于让学生在领略古典青花魅力的激发现代审美与创意的火花。课程强调基础技能的锤炼与审美教育的熏陶，注重循序渐进的教学与理论实践的融合，同时融入深厚的文化内涵与德育元素，确保学生在安全健康的环境中自由探索，培养环保意识与可持续发展观念，为他们的艺术之路铺设坚实而璀璨的基石。

（一）传承与创新相结合

在青花线描课程的开发中，传承与创新相结合的原则至关重要。文化传承意味着课程设计中必须深入挖掘和展示青花瓷艺术的历史背景、艺术特色和文化内涵。这不仅要求学生了解青花瓷艺术的起源、发展及其在中华文化中的地位，更要引导他们尊重和珍视这一传统艺术形式所承载的深厚文化底蕴。通过系统的教学和丰富的实践体验，学生能够在心中种下对传统文化的热爱和尊重的种子。

然而，传承并不意味着守旧。在尊重传统的基础上，鼓励创新同样重要。青花线描艺术需要与时俱进，与现代审美和技法相结合，焕发出新的生机与活力。课程应鼓励学生发挥想象力和创造力，勇于尝试新的表现手法和技法创新。例如，可以引导学生将现代图案或元素融入传统青花线描作品中，创作出既有传统韵味又有现代感的新作品。跨时代的融合不仅能够丰富青花线描艺术的表现手法和题材范围，还能够激发学生的创新精神和创造力，为他们的未来发展奠定坚实的基础。

在传承与创新的结合中，青花线描课程将展现出独特的魅力。它不仅是传统文化的传承载体，更是现代审美和创新思维的培养基地。通过这一课程的学习，学生将能够在深入了解传统文化的过程中掌握现代审美和技法，为未来的艺术之路铺设坚实而璀璨的基石。

（二）强调基础技能训练

在青花线描课程的教学中，强调基础技能训练是不可或缺的一环。基础技巧是艺术创作的基础和支撑，只有掌握了扎实的基本功，学生才能够在艺术道路上走得更远。因此，在课程初期，教师应重点教授学生基本的线描技巧和青花瓷绘制方法。

线描技巧是青花线描艺术的核心和基础。学生需要学习如何运用精细的笔触勾勒出图案的轮廓，这需要极高的准确性和稳定性。他们还需要掌握线条的粗细、浓淡、干湿等变化，以表现出不同的质感和情感。在教学过程中，教师可以通过示范、讲解和实践相结合的方式，让学生逐步掌握线描技巧的要领和精髓。

青花瓷绘制方法同样重要。学生需要了解青花瓷的制作工艺和烧制过程，掌握色彩搭配和釉料运用的技巧。在教学过程中，教师可以引导学生观察和分析优秀的青花瓷作品，了解不同色彩和釉料的表现效果和特点。他们还可以安排学生亲手制作青花瓷作品，让他们在实践中学习和掌握绘制方法。

随着学习的深入，教师应逐步提升学生的技能水平。通过设计不同难度的练习和作业，让学生不断挑战自己，突破自己的极限。教师还应注重培养学生的观察力和创造力，鼓励他们发挥想象力和创造力，创作出具有个性和特色的作品。

强调基础技能训练是青花线描课程教学的关键，只有掌握了扎实的基本功，学生才能够在艺术道路上走得更远。

（三）注重审美教育

在青花线描课程中，注重审美教育同样是不可或缺的一环。审美教育不仅能够培养学生的审美意识和艺术鉴赏能力，还能够提高他们的美学素养和人文素养。因此，在教学过程中，教师应注重审美教育的渗透和融入。

审美意识的培养是审美教育的核心。通过欣赏和分析优秀的青花线描作品，学生可以感受到青花线描艺术的独特魅力和艺术价值。在教学过程中，教师可以引导学生仔细观察作品中的线条、色彩、构图等元素，了解其的艺术表现效果和特点。还可以结合历史文化背景和艺术家的创作意图，让学生深入理解作品所蕴含的文化内涵和审美价值。

在教学过程中，教师应注重培养学生的美学素养和人文素养。通过引导学生理解作品中的艺术美、形式美和文化美，让他们感受到美的力量和魅力。教师还应鼓励学生发挥想象力和创造力，尝试用自己的方式表达美和创造美。创造性的表达和创造不仅能够提高学生的美学素养和人文素养，还能够培养他们的创新精神和实践能力。

（四）循序渐进

在青花线描课程的教学中，循序渐进是确保学生能够系统、有效地掌握技艺的重要原则。教学内容的安排需要精心策划，以确保学生从基础知识和技能出发，逐步深入到复杂技巧和高级创作的层面。

教学内容的安排应当遵循由易到难、由简到繁的规律。在课程初期，教师应从青花线描的基础知识和基本技能入手，如线条的绘制、色彩的搭配、基本构图等。通过反复练习和巩固，使学生能够熟练掌握这些基础要素，为后续的学习打下坚实的基础。

随着课程的深入，教学内容应逐渐引入更加复杂和高级的技巧和创作方法。例如，教师可以引导学生学习不同风格的青花线描作品，了解它们的特点和表现技巧。还可以安排一些具有挑战性的创作任务，如以特定主题或情境进行创作，让学生在实践中锻炼和提升自己的技能水平。

技能水平的提升是一个渐进的过程，需要学生在不断的实践中积累经验。教师应根据学生的实际情况和学习进度，合理安排教学进度和难度，确保学生能够在自己的能力范围内逐步提升技能水平。教师还应关注学生的学习态度和兴趣，鼓励他们积极参与课堂活动，勇于尝试和探索新的表现手法和创作思路。

循序渐进的教学原则不仅有助于提高学生的技能水平，还能够培养他们的学习信心和兴趣。通过逐步深入的学习和实践，学生将逐渐感受到自己的进步和成就，从而更加积极地投入到青花线描课程的学习中。

（五）实践与理论并重

在青花线描课程的教学过程中，实践与理论并重是确保学生能够全面掌握技艺的关键。理论知识是实践的指导和基础，而实践则是理论知识的应用和检验。因此，在青花线描课程中，教师应注重将理论知识与实践操作相结合，让学生在动手操作中学习和巩固理论知识。

理论知识的传授是青花线描课程的基础环节，教师可以通过讲解、演示等方式向学生传授青花线描的基本理论、历史背景、艺术特色等知识。还可以结合案例分析、作品欣赏等方式，让学生更加直观地了解青花线描的艺术魅力和表现技巧。理论知识的传授不仅能够为学生的实践操作提供指导和支持，还能够拓宽他们的艺术视野和知识面。

实践操作是青花线描课程的重要环节，教师应设计丰富的实践环节，让学生在动手操作中学习和巩固理论知识。例如，可以安排学生进行线描练习、色彩搭配练习、构图练习等基础技能训练；引导学生进行创作实践，如以特定主题或情境进行创作，让他们在实践中锻炼和提升自己的技能水平。

实践操作不仅能够让学生更加深入地理解和掌握理论知识，还能够培养他们的动手能力和创新精神。

在青花线描课程中，实践与理论的结合应当贯穿始终。教师应在传授理论知识的过程中注重引导学生进行实践操作；在学生的实践操作中，也应及时给予指导和反馈，帮助他们发现问题并不断改进。

（六）文化渗透

在青花线描课程的教学过程中，文化渗透是一个至关重要的方面。青花线描艺术作为中国传统文化的重要组成部分，蕴含着丰富的文化内涵和历史底蕴。因此，在课程中融入中国传统文化的元素，不仅能够丰富课程内容，还能够帮助学生更好地理解和学习青花线描艺术。文化元素的融入可以通过多种方式实现。

首先，教师可以结合青花线描的历史背景和文化内涵，向学生介绍相关的诗词、历史故事等传统文化元素。这些元素不仅能够为青花线描作品提供丰富的创作灵感和素材，还能够帮助学生更好地理解作品所蕴含的文化内涵和审美价值。

其次，教师可以将传统文化元素与青花线描的创作实践相结合。例如，可以引导学生以传统文化为主题或情境进行创作，如以诗词意境为灵感创作青花线描作品，或者以历史故事为背景设计青花线描图案等。

在文化渗透的过程中，培养学生的文化自信心和民族自豪感是重要目标之一。通过了解和学习青花线描艺术以及与之相关的传统文化元素，学生将逐渐认识到中国传统文化的博大精深和独特魅力。这种认识将有助于他们形成正确的文化价值观和历史观，增强他们的文化自信心和民族自豪感。

最后，在青花线描课程中，实现文化渗透需要教师具备深厚的文化素养和敏锐的洞察力。教师应不断学习和研究传统文化知识，将其与青花线描艺术相结合，创造出更加丰富和有意义的课程内容。教师还应注重引导学生发现和感受传统文化中的美好之处，激发他们的学习兴趣和创造力。通过文化渗透的教学方式，青花线描课程将不仅是一门技艺课程，更是一门文化传承和创新的课程。

（七）安全与健康

在青花线描课程的教学中，安全与健康始终是我们最为关注的核心问题。确保学生在一个安全、健康的环境中学习和创作，是课程顺利进行的基础。

材料选择是确保学生安全的第一步。我们所使用的材料必须严格遵循安全标准，确保无毒无害。在选择颜料、纸张、画笔等创作工具时，必须仔细审查其成分和质量，避免使用含有有害物质的产品，这不仅是为了保护学生的身体健康，也是为了营造一个健康的学习环境。

除了材料选择外，操作指导同样重要。在青花线描的创作过程中，学生需要使用各种工具进行绘画和制作。为了确保学生的安全，我们必须提供详细的安全指导，具体包括正确使用工具的方法、避免误食颜料等潜在危险的预防措施。教师应时刻关注学生的操作过程，及时纠正错误的使用方式，防止意外事故的发生。

我们还应注重培养学生的安全意识。通过课堂讲解、安全演练等方式，让学生认识到安全的重要性，学会自我保护。我们也应鼓励学生互相监督、互相帮助，共同营造一个安全、健康的学习环境。

在青花线描课程中强调安全与健康，不仅是为了保障学生的身体健康，更是为了培养他们良好的生活习惯和责任感。通过严格把控材料选择、提供详细的操作指导以及培养学生的安全意识，我们将为学生打造一个安全、健康、和谐的学习环境，让他们在快乐中学习、在创作中成长。

（八）德育引领

在青花线描课程中，德育引领是不可或缺的一部分。通过发掘和融入德育元素，旨在培养学生的道德品质和社会责任感，使他们在艺术创作的也能得到品德的熏陶和提升。

青花线描艺术本身蕴含着丰富的德育元素，如团队合作、坚持不懈、勇于创新等。在教学过程中，教师应深入挖掘这些元素，并将其融入课程内容中。例如，通过小组合作创作的方式，培养学生的团队合作精神和沟通能力；

通过引导学生面对创作中的困难和挑战时保持坚持不懈的精神，培养他们的毅力和韧性；通过鼓励学生尝试新的表现手法和技法创新，培养他们的创新意识和探索精神；通过组织学生参与各种实践活动，如艺术比赛、社区服务等，让学生在实践中体验和学习德育品质。在这些活动中，学生将面对各种挑战和困难，需要他们运用所学的德育品质去应对和解决。通过这些实践体验，学生将更加深刻地理解德育品质的内涵和价值，并将其内化为自己的行为准则。

教师的言行举止对学生有着深远的影响。因此，教师应以身作则，展现出良好的道德品质和社会责任感。通过教师的示范和引导，学生将更加积极地学习和践行德育品质，形成良好的道德风尚。

在青花线描课程中强调德育引领，不仅有助于培养学生的道德品质和社会责任感，还有助于提升他们的综合素质和竞争力。通过德育元素的发掘和实践的结合，我们将为学生打造一个全面、和谐、积极向上的学习环境，让他们在艺术创作的过程中也能得到品德的提升和成长。

（九）可持续性发展

在青花线描课程的教学中，可持续性发展是必须关注的重要议题。通过鼓励使用环保材料、引导学生了解可持续发展的重要性等方式，旨在培养学生的环保意识和责任感，为他们的未来发展奠定坚实的基础。

在教学过程中，应鼓励学生使用可回收纸张、无毒颜料等环保材料，减少对环境的污染。还应向学生介绍环保材料的选择和使用方法，让他们了解环保材料的重要性和优势。通过实践体验，学生将更加深入地认识到环保材料的使用对于保护环境的重要性，从而在日常生活中积极践行环保理念。

在教学过程中，应通过案例分析、讲座等形式向学生传授可持续发展的理念和知识。让学生了解人类活动对环境的影响、资源的有限性以及可持续发展的重要性。还应引导学生思考如何在艺术创作中体现可持续发展的理念，如通过创作环保主题的青花线描作品来表达对环保的支持和呼吁。

我们还应通过实践活动来深化学生对可持续性发展的理解和认识，如可以组织学生参与环保主题的青花线描创作活动，让他们在实践中体验和学习可持续发展的理念。通过这些活动，学生将更加深入地认识到可持续发展的重要性，并将其内化为自己的行为准则。

在青花线描课程中强调可持续性发展，不仅有助于培养学生的环保意识和责任感，还有助于推动社会向更加环保、可持续的方向发展。通过环保材料的使用、可持续发展理念的教育以及实践活动的深化，将为学生打造一个绿色、环保、可持续的学习环境，让他们在未来的发展中成为推动社会可持续发展的重要力量。

第二节　青花线描课程开发步骤

小学青花线描校本课程开发，是一项富有创意与艺术韵味的教育探索。从深入洞察学生的艺术兴趣与需求出发，我们精选地方文化元素，巧妙融入现代艺术气息，设计出别具一格的线描画教学内容。通过精心组织的教学实践，让学生在笔墨飞舞间感受线条之美，培育他们的审美情趣与创作力。在良好的教学环境中，孩子们以纸为田，以笔为犁，耕耘出属于他们自己的艺术天地。最终，我们将学生的线描画佳作汇编展示，让每一幅作品都熠熠生辉，见证孩子们艺术探索的足迹，也映衬出我们校本课程开发的匠心独运。

一、需求分析与课程定位

在进行小学青花线描校本课程开发之初，我们深知需求分析与课程定位的重要性。这一步骤是确保课程内容与学生需求紧密相连，从而达到最佳教学效果的关键。

我们进行了深入的学生需求分析。通过与学生的互动交流，了解到他们对美术课程的热爱与期待。孩子们对于绘画有着天生的好奇心和探索欲，他们希望通过画笔来表达自己的内心世界，同时也渴望在绘画的过程中获得成长与进步。因此，我们认识到青花线描课程不仅要教授绘画技巧，更要关注学生的个性化需求，让他们在创作中找到乐趣和成就感。

在明确了学生的需求后，我们进一步明确了课程目标。青花线描课程旨在培养学生的观察能力、想象能力和创作能力。通过观察真实世界和欣赏优秀的线描作品，学生将学会如何捕捉事物的本质特征，进而运用线条表现出独特的视觉效果。课程还将着重培养学生的想象力和创作力，鼓励他们大胆尝试，用线条描绘出心中的世界。审美和耐心也是课程目标的重要组成部分。在绘画过程中，学生需要静心、细心、耐心，才能创作出令人满意的线描作品。

在此基础上，我们确定了课程的定位。青花线描课程将作为美术学科的补充和延伸，它不同于传统的绘画教学，更加注重线条的灵活运用和创意表达。通过线描画的学习，学生将能够更深入地了解绘画的多样性和创造性，从而培养他们的艺术素养和审美能力。

为了确保课程的针对性和实效性，我们还将在教学过程中不断关注学生的反馈和需求变化，及时调整教学策略和内容安排，以确保每一位学生都能在青花线描课程中找到自己的兴趣和价值。

二、教材开发与内容选择

教材是教学活动的基石，它承载着传授知识、培养技能的重要使命。在小学青花线描校本课程开发中，教材的开发与内容选择显得尤为重要。为了确保教材内容既符合小学生的认知水平，又能体现线描画的艺术魅力，我们从以下几个方面进行了深入思考和精心策划。

我们深入挖掘了地方文化和特色，将其融入线描画教材中。地方文化是一个地区独特的精神财富，它蕴含着丰富的艺术元素和教育资源。通过选取具有地方特色的自然景物、民俗风情等作为绘画主题，我们希望能够引导学生更加关注身边的美好事物，培养他们的乡土情怀和文化自信。这也使得教材内容更加亲切、实用，更容易激发学生的学习兴趣和创作灵感。

我们精心选择了适合小学生的线描画内容，考虑到小学生的年龄特点和认知水平，我们选取了一些简单易懂、富有童趣的绘画主题，如小动物、植物、卡通人物等。这些内容不仅容易吸引学生的注意力，还能让他们在绘画过程中感受到无限的乐趣。我们还注重内容的教育性。通过线描画的学习，引导学生观察生活、发现美、创造美，培养他们的审美情趣和创新能力。

我们将现代艺术元素和装饰元素巧妙地融入教材中，现代艺术和装饰设计是当今社会非常流行的艺术形式，它们以独特的视觉效果和创意表达深受人们喜爱。为了让学生的线描画作品更具时代感和创意性，我们选取了一些现代艺术和装饰设计的元素作为绘画素材，引导学生进行创作。这不仅拓宽了学生的艺术视野，还让他们的绘画作品更加丰富多彩、充满个性。

在教材的开发过程中，我们始终坚持以学生为中心的教学理念，关注学生的需求和发展。我们相信，通过精心策划的教材内容，一定能够激发学生的学习兴趣和创作潜力，让他们在青花线描校本课程中获得更多的成长与进步。

三、课程设计与实施计划

在小学青花线描校本课程的设计与实施过程中，我们追求的不仅是绘画技巧的提升，更重要的是学生全面素质的培养。课程设计是这一目标的蓝图，而实施计划则是将其变为现实的具体行动指南。

我们明确学生通过课程学习应掌握的基本线描技巧，如线条的流畅性、构图的均衡性等。我们也注重学生素质的培养，包括观察力、创新力和艺术鉴赏力。这些目标不仅关注学生的技能提升，更着眼于他们未来的全面发展。

为了实现这些目标，我们制订了详细的授课计划。每周的课时安排都经过深思熟虑，以确保内容的连贯性和学生的学习效果。在教学内容的选择上，结合了学生的实际水平和兴趣点，由浅入深，逐步引导学生掌握线描的精髓。我们也明确了每一节课的教学重点，以便学生能够有针对性地学习和练习。

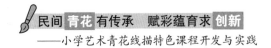

在教学方法上，采用了多种方法相结合的方式。讲授法用于传授基本的线描知识和技巧，帮助学生建立扎实的理论基础。欣赏法通过展示优秀的线描作品，培养学生的艺术鉴赏力和审美情趣。演示法则通过教师的现场示范，让学生直观地了解线描的绘制过程和技巧。这些方法的综合运用，旨在提高学生的学习兴趣和参与度，使他们在轻松愉快的氛围中掌握线描画的精髓。

我们还注重教学组织形式的灵活多样，根据学生的实际情况和课程内容，可以选择小组或个人为单位进行教学。小组合作学习能够培养学生的团队协作精神和沟通能力，而个人学习则更有利于学生独立思考和创新能力的培养。灵活的教学组织形式，不仅能够满足不同学生的学习需求，还能够激发他们的学习热情和创造力。

四、教学资源准备与环境创设

教学资源与环境是教学活动不可或缺的重要组成部分，它们对于提升教学质量、激发学生的学习兴趣和创新精神具有至关重要的作用。在小学青花线描校本课程中，我们精心准备了丰富的教学资源，并创设了良好的教学环境，以确保课程的顺利进行和学生的全面发展。

在教学资源准备方面，充分考虑了学生的实际需求和课程特点。首先，配备了先进的多媒体设备，以便向学生展示丰富多彩的线描画作品和绘画技巧。这些设备不仅能够提供高质量的图像和视频资料，还能够让学生通过互动式学习更好地理解和掌握线描画的精髓。我们还为学生准备了充足的纸、笔等手工用具，以确保他们能够顺利进行绘画实践。这些用具不仅质量上乘，而且种类丰富，能够满足不同学生的绘画需求和创作风格。

在教学环境创设方面，注重营造一个充满艺术氛围和创作激情的学习环境。我们为学生提供了宽敞明亮的教室和专业的绘画桌椅，以确保他们在舒适的环境中进行学习和创作。我们还在教室内布置了优秀的线描画作品和学生的创作成果，以激发学生的创作热情和自信心。环境创设不仅能够让学生感受到艺术的魅力，还能够培养他们的审美情趣和创新能力。

除了硬件环境的创设外，还注重软件环境的营造。我们收集并整理了大量优秀的线描画作品，供学生欣赏和学习。这些作品不仅具有极高的艺术价值，还能够为学生提供灵感和借鉴。通过欣赏这些作品，学生能够更好地理解线描画的构图、线条运用和色彩搭配等方面的技巧，从而提升自己的绘画水平和审美能力。

五、教学实践与反馈调整

在小学青花线描校本课程的教学中，我们深知实践是检验真理的唯一标准，也是提升学生技能和理解的重要手段。因此，我们特别注重学生的实践操作，鼓励他们在大胆尝试中找寻自己的艺术语言，通过创新来表达内心的情感和思考。

每一次的实践操作，都是学生与艺术的一次亲密接触。我们为学生提供充足的绘画材料和纸张，让他们能够自由地挥洒笔墨，尝试不同的线条组合和构图方式。在这个过程中，教师不仅是指导者，更是观察者和记录者，用心去发现每个学生的独特之处，引导他们发挥自己的优势，克服绘画中的难题。

实践操作的重要性不仅在于技能的提升，更在于学生能够在动手的过程中培养解决问题的能力、创新思维以及持之以恒的耐心。每当学生完成一幅作品，无论画得是否完美，都是他们心血的结晶，都值得被尊重和肯定。

为了让学生感受到自己的进步和成就，我们定期收集学生的作品进行展示和评价。这不仅是对学生努力的一种认可，更是激发他们继续前进的动力。在展示环节，每个学生都有机会向同学们介绍自己的作品，分享创作过程中的所思所感。这种互动和交流，不仅锻炼了学生的口头表达能力，还增强了他们的自信心和团队协作能力。

我们非常重视学生的反馈和教学效果的评估，只有了解学生的实际需求和感受，我们才能更好地调整教学内容和方法，确保教学的针对性和实效性。因此，我们会定期与学生进行沟通，收集他们的意见和建议，以便及时发现问题并进行改进。这种动态调整的教学模式，使我们的课程更加贴近学生的实际需求，也更加符合艺术教育的规律。

在教学实践中，我们还特别关注学生的个体差异和多元化需求。每个学生都是独一无二的个体，他们有着不同的兴趣、爱好和天赋。因此，我们在教学中注重因材施教，为每个学生提供个性化的指导和帮助。通过差异化的教学方式，希望能够让每个学生都能在青花线描课程中找到自己的位置和价值，实现真正的全面发展。

六、课程评价与成果展示

课程评价是青花线描校本课程开发中不可或缺的一环，它不仅是对学生学习成果的检验，更是对课程质量和教学效果的反馈。为了科学、客观地评价学生的线描画作品，我们制定了一套全面的评价标准。这些标准不仅包括线条的流畅性、构图的合理性、创意的独特性等艺术层面的要求，还涵盖了学生的学习态度、合作精神等综合素质的考察。通过这样的评价标准，能够更加准确地把握每个学生的优势和不足，为他们提供更具针对性的指导。

为了让学生的作品得到更广泛的认可和展示，我们积极组织线描画比赛或展览等活动。这些活动不仅为学生提供了一个展示自己才华的舞台，还能够激发他们的自信心和荣誉感。在比赛和展览中，学生的作品得到了来自校内外的专家和观众的赞誉和肯定，这无疑是对他们努力学习的最好回报。

我们还将学生的优秀作品汇编成册或制作成电子作品集，作为课程成果进行展示和交流。这些作品集不仅记录了学生的学习历程和成长轨迹，还成为了学校艺术教育成果的有力证明。通过这些作品集，我们能够更好地总结和反思课程教学的得失，为今后的课程改进提供有益的参考。

在课程评价与成果展示的过程中，我们始终坚持以学生为中心的原则，尊重每个学生的个性和差异。我们相信，每个学生都有自己独特的艺术天赋和创造力，只要给予他们足够的支持和鼓励，他们就一定能够在艺术的道路上走得更远、飞得更高。

第三节　青花线描课程开发策略

　　小学青花线描特色课程的开发，如同绘制一幅精美的青花线描画，需要巧妙地挖掘本地艺术资源，融合教育部门的鼎力支持，深入调研学生的独特学情，集结专业的课程开发团队，精心制订科学的开发计划，进而将课程生动地应用于实践，并通过细致的评估不断完善。这一系列环节，环环相扣，共同构成了这一教育艺术的璀璨瑰宝，让学生在青花线描的韵味中感受传统文化的深邃与美丽，同时也为他们的创新思维和实践能力插上了艺术的翅膀。

一、本地资源挖掘开发

　　在青花线描特色课程的开发中，本地资源的挖掘与开发显得尤为重要。青花线描，这一具有深厚文化底蕴的艺术形式，其魅力不仅仅在于线条的流畅与图案的精美，更在于它所承载的历史与文化内涵。因此，在开发课程时，我们应从本地的青花线描艺术家、工艺品店以及历史文化遗址等资源入手，深入挖掘其教育价值，为课程注入丰富的地域特色和文化底蕴。

　　本地的青花线描艺术家是宝贵的资源。他们不仅掌握着精湛的技艺，更对青花线描有着深厚的感情和独特的理解。通过与这些艺术家的交流与合作，我们可以将他们的技艺和心得融入到课程中，使学生能够更直观地了解青花线描的绘制过程和艺术风格。艺术家们还可以为学生提供实践指导，帮助他们更好地掌握绘制技巧，提升艺术素养。

　　本地的工艺品店是不可忽视的资源。这些店铺中陈列着各式各样的青花线描作品，每一件都是匠人们心血的结晶。通过参观这些店铺，学生可以亲身感受到青花线描的精湛技艺和独特魅力。工艺品店还可以为学校提供教学所需的材料和工具，为课程的顺利实施提供有力保障。

　　本地的历史文化遗址也是挖掘青花线描文化内涵的重要来源。这些遗址中蕴藏着丰富的历史信息和文化元素，是了解青花线描历史背景和文化内涵的绝佳场所。通过组织学生参观这些遗址，并结合课程内容进行讲解，可以使学生更深入地了解青花线描的历史渊源和文化背景，从而增强对课程的理解和兴趣。

在挖掘本地资源的过程中，我们还应注重资源的整合与利用。例如，可以邀请艺术家和工艺品店主来学校举办讲座或开设工作坊，与学生进行面对面的交流与互动。这样不仅可以为学生提供更为直观和生动的学习体验，还能促进学校与社区的交流与合作，共同推动青花线描特色课程的发展。

我们还应关注本地资源的可持续利用。在开发过程中，要注重保护艺术家的知识产权和工艺品店的商业机密，确保资源的合理利用和良性循环。还应鼓励学生和家长参与到课程资源的挖掘与开发中，增强他们的参与感和归属感，为课程的顺利实施营造良好的社会氛围。

三、获取教育部门支持

在青花线描特色课程的开发过程中，获取教育部门和学校的支持至关重要。这不仅关系到课程的顺利实施，更影响着课程的质量和效果。因此，在课程开发之初，我们就应积极与教育部门和学校领导进行沟通，阐述青花线描特色课程的教育价值和意义，以争取他们的理解和支持。

与教育部门和学校领导的沟通是获取支持的关键。我们可以邀请他们参观青花线描特色课程的示范课，让他们亲身感受课程的魅力和教育价值。向他们详细说明课程的目标、内容、教学方法以及预期效果，以证明该课程对学生全面发展的积极作用。通过深入沟通与交流，可以争取到教育部门和学校领导对课程的认可和支持。

邀请教育专家和学者对课程方案进行评审和指导也是必不可少的环节。他们具有丰富的教育经验和专业知识，能够为我们提供宝贵的意见和建议。通过他们的评审和指导，可以及时发现课程方案中存在的问题和不足，并进行针对性改进和完善。这不仅可以提高课程方案的科学性和可行性，还能进一步增强教育部门和学校领导对课程的信心。

除了沟通和评审外，还可以申请教育部门的资金支持。青花线描特色课程的开发需要一定的资金投入，包括教学材料的采购、教学设备的更新以及师资培训等。通过向教育部门申请资金支持，可以为课程的顺利实施提供有力的物质保障。这也能进一步体现教育部门对课程的认可和支持。

在获取支持的过程中，还应注重与教育部门和学校领导的持续沟通与合作。定期向他们汇报课程的进展情况和学生的学习成果，及时听取他们的意见和建议，以便对课程进行不断改进和优化。持续的合作与沟通不仅有助于课程的顺利实施，还能进一步促进学校与教育部门的紧密联系和共同发展。

我们还可以借助教育部门和学校的影响力推广青花线描特色课程。通过组织校际交流活动、参加教育展览等方式来展示课程的成果和特色，吸引更多的学校和教师关注并参与到课程的开发与实施中来。这不仅可以扩大课程的影响力，还能为课程的持续发展注入新的活力和动力。

三、调研学生学情特点

在课程开发的过程中，深入了解学生的学情特点是一项至关重要的任务。这不仅关系到课程内容的设置，还直接影响着教学方法的选择以及最终的教学效果。因此，在课程开发初期，我们就必须对学生的年龄、兴趣、认知水平和艺术基础等学情特点进行全面的调研。

学生的年龄是一个不可忽视的因素。不同年龄段的学生在认知能力、注意力集中时间以及学习方式上都有所不同。对于小学生而言，他们的好奇心强，但注意力容易分散。因此，在课程内容的设置上，需要选择那些能够吸引他们注意力的主题，同时采用生动有趣的教学方式来保持他们的学习兴趣。

了解学生的兴趣点也是至关重要的。每个学生都有自己独特的爱好和兴趣，这些兴趣点往往能够激发他们的学习动力。通过问卷调查、访谈等方式，可以收集到学生对青花线描课程的期望和偏好，从而有针对性地调整课程内容和教学方法，使之更加符合学生的实际需求。

学生的认知水平和艺术基础也是在课程开发中需要考虑的重要因素。学生的认知水平决定了他们能够理解和掌握的知识难度，而艺术基础则影响着他们在青花线描课程中的学习进度和创作能力。因此，在课程开发中，需要根据学生的认知水平和艺术基础来制订合适的教学计划和教学目标，确保每个学生都能够在课程中有所收获。

为了更好地了解学生的学情特点，我们可以采用多种调研方式。问卷调查是一种广泛收集学生意见和反馈的有效手段。通过设计针对性的问题，可以获取到学生对青花线描课程的期望、学习困难以及学习需求等方面的信息。访谈和观察也是了解学生学情的重要途径。通过与学生的面对面交流以及在实际课堂中的观察，可以更加深入地了解学生的学习习惯、学习态度以及学习中的问题和挑战。

在收集到学生的学情信息后，需要对这些数据进行仔细的分析和整理。通过分析学生的年龄、兴趣、认知水平和艺术基础等方面的特点，可以总结出一些共性和差异，从而为课程内容的设置和教学方法的选择提供有力的依据。我们还要关注学生的个体差异，尊重每个学生的独特性和创造性，设计多样化的教学活动和评价方式，以满足不同学生的学习需求和发展目标。

四、组建课程开发团队

在青花线描特色课程的开发中，组建一个专业的课程开发团队是至关重要的。这个团队不仅需要具备丰富的艺术教育经验和专业知识，还需要有良好的沟通机制和合作精神，以确保课程的系统性和连贯性。

美术教师是课程开发团队的核心成员之一。他们不仅熟悉学生的学习需求和认知特点，还具备扎实的美术功底和教学经验。在课程开发中，美术教师需要发挥专业优势，为课程内容的选择和教学策略的制定提供有力的支持。他们还需要与其他团队成员紧密合作，共同商讨和解决课程开发过程中的问题。

艺术教育专家是课程开发团队中不可或缺的角色。他们具有深厚的艺术教育理论背景和丰富的实践经验，能够为课程的整体设计和教学理念提供科学的指导。艺术教育专家的加入，可以确保课程内容的科学性和前瞻性，提升课程的整体质量。

青花线描艺术家的参与也为课程开发团队注入了新的活力。他们不仅精通青花线描的技艺和风格，还能为学生提供真实的艺术体验和实践机会。通过与艺术家的交流和合作，学生可以更加深入地了解青花线描的艺术魅力和文化内涵，从而激发学习兴趣和提升艺术素养。

在组建课程开发团队时，应注重团队成员之间的沟通与协作。一个优秀的团队需要建立良好的沟通机制，确保每个成员的意见和建议都能得到充分的表达和讨论。通过定期的团队会议和交流活动，可以及时了解和解决课程开发过程中的问题和挑战，推动课程的顺利进行。

团队成员之间还应具备互补性和协作精神。每个成员都应明确自己的职责和角色，充分发挥专业优势，为课程的开发贡献自己的力量。通过共同的努力和协作，可以打造出一个高质量、有特色的青花线描课程，为学生的全面发展提供有力的支持。

五、制订课程开发计划

制订详细的课程开发计划，是确保青花线描特色课程能够顺利实施的关键步骤。一个周密的计划不仅能够为课程的开发提供清晰的路线图，还能帮助团队成员明确各自的任务和责任，从而保证课程开发的有序进行。

在制订课程开发计划时，首先要明确课程目标。这些目标应该既具体又可行，能够指导整个课程的内容和方向。例如，我们可以设定目标为"通过青花线描特色课程，提高学生的艺术鉴赏能力和创作技巧，培养学生对传统文化的兴趣和热爱"。

接下来是确定教学内容。根据课程目标，需要选择适合的青花线描知识、技艺和文化背景等内容，确保学生能够全面了解并掌握青花线描的精髓。教学内容应该由浅入深，循序渐进，既要符合学生的认知规律，又要激发他们的探索欲望。

在选择教学方法时，要充分考虑学生的年龄特点和学习习惯。对于小学生而言，生动有趣的教学方法往往更能吸引他们的注意力。因此，可以采用游戏化、情境化等教学方式，让学生在轻松愉快的氛围中学习青花线描。

教学资源的准备也是不可忽视的一环。我们需要提前准备好所需的教学材料、工具以及多媒体资源等，确保课堂教学的顺利进行。还可以借助校外资源，如邀请青花线描艺术家进校园进行交流指导，为学生提供更为丰富的学习体验。

课时安排也是课程开发计划中的重要部分。需要根据教学内容和学生的实际情况，合理安排每个课时的教学任务和活动时间。还要预留一定的机动时间，以应对可能出现的突发情况或学生的个性化需求。

在制订课程开发计划的过程中，还要注重课程的灵活性和可持续性。由于教育环境和学生学习需求的变化是不可避免的，因此我们的课程计划需要具备一定的弹性，以便在未来的教学中根据实际情况进行调整和优化。

为了确保课程开发计划的可行性和有效性，可以邀请教育专家、美术教师以及青花线描艺术家等共同参与计划的制订和评审。通过他们的专业指导和建议，我们可以进一步完善课程计划，提高课程的质量和效果。

六、推动课程实践应用

在课程开发完成后，积极推动其在小学美术教学中的实践应用是至关重要的。这不仅能够检验课程的质量和效果，还能够为学生的艺术教育和全面发展提供新的动力和机会。

在教学过程中，教师应注重培养学生的实践能力和创新思维。可以通过示范教学、互动探讨、实践操作等多种方式，引导学生深入了解青花线描的技艺和文化内涵，并鼓励他们大胆尝试和创作。教师还要关注学生的学习反馈，及时调整教学策略，确保课程内容的针对性和实效性。

除了课堂教学外，教师还可以利用课外活动来拓展青花线描特色课程的应用范围。例如，可以组织学生参加青花线描主题的画展、比赛或工作坊等活动，让学生在实践中锻炼自己的创作能力和团队协作能力。这些活动不仅能够提升学生的艺术素养，还能够增强他们的自信心和归属感。

校园展览也是展示青花线描特色课程成果的重要途径。通过展览学生的作品，可以让更多的人了解并欣赏到青花线描的魅力，从而进一步推动校园文化的繁荣和发展。展览还能够为学生提供一个互相学习和交流的平台，激发他们的创作热情和艺术追求。

在推动课程实践应用的过程中，加强与家长的沟通和合作也是必不可少的环节。教师可以通过家长会、家访等方式，与家长进行深入的交流和沟通，让他们了解青花线描特色课程的意义和价值。还可以邀请家长参与到课程的实施过程中来，如陪伴孩子一起完成青花线描作品等，从而增强家长对课程的认同感和支持度。

七、课程评估改进完善

在课程实施后，进行全面的评估和改进是不可或缺的环节。这不仅有助于检验课程的效果，更能为未来课程的优化提供有力的数据支持和方向指引。评估内容应覆盖学生的学习成果、教师的教学效果以及课程资源的利用情况等多个层面，以确保评估的全面性和客观性。

对学生的学习成果进行评估是至关重要的，学生的学习成果直接反映了课程的质量和教学效果。为全面了解学生的学习情况，可以通过多种方式收集数据和信息。例如，可以组织学生进行作品展示，这不仅能让学生展示自己的学习成果，还能激发他们的学习热情和创造力。通过对学生作品的细致观察和分析，能够深入了解学生在青花线描技艺、创作思路以及文化素养等方面的发展情况。

除了作品展示外，我们还可以利用教学评价来评估学生的学习成果，具体包括对学生的课堂表现、作业完成情况以及测验或考试成绩等进行综合考量。通过这些评价，能够更加客观地了解学生在课程学习中的掌握程度和进步情况。教学评价还能为我们提供及时的教学反馈，帮助我们发现问题并针对性地进行改进。

在评估教师的教学效果时，应注重从多个维度进行考量。一方面，要关注教师的教学态度、教学方法和教学组织能力等基本情况；另一方面，还要深入了解教师的教学效果，如学生对知识点的掌握程度、学习兴趣的激发情况以及思维能力的培养等。为了获取更全面的评价，可以采用学生评价、同行评价以及自我评价等多种评价方式，以确保评价结果的客观性和准确性。

课程资源的利用情况也是评估的重要内容之一，具体包括对教材、教具、多媒体资源等的使用情况进行评估。我们要检查这些资源是否得到了充分合理的利用，是否有效地支持了教学活动的开展。还要关注课程资源的更新和完善情况，以确保课程资源能够与时俱进，满足不断变化的教学需求。

在收集完评估数据和信息后，我们要对其进行深入分析和评价。这需要运用科学的方法和技术手段对数据进行处理和分析，以揭示出课程在实施过程中的问题和不足。针对这些问题和不足，要及时制定改进方案并付诸实施。例如，针对学生学习成果不佳的问题，可以调整教学内容和方法以更好地激发学生的学习兴趣和积极性；针对教师教学效果不佳的问题，可以加强教师培训和专业发展以提升教师的教学能力和水平。

我们要将评估结果反馈给教育部门和学校领导，为他们提供决策依据和建议，促进教育系统的持续改进和优化。通过反馈评估结果，我们能够引起教育部门和学校领导对课程质量和教学效果的关注，进而推动整个教育系统的持续改进和发展。

第四章

青花线描艺术课程基础教学

在青花线描艺术的世界里，每一笔、每一线都承载着千年的文化底蕴和艺术韵味。当我们踏入这个神秘而美丽的领域，不禁为那些流畅而富有生命力的线条所惊叹，为那些色彩斑斓而又不失高雅的画面所倾倒。然而，要真正掌握这门艺术，必须从最基础的教学开始，逐步领略其中的奥妙。

在青花线描艺术课程的基础教学中，我们将首先引领学生们走进工具与材料的世界，去探寻那些能够为创作提供得力助手的"神兵利器"。正如巧妇难为无米之炊，没有合适的工具和材料，再高超的技艺也难以施展。因此，我们将详细介绍各种笔、墨、纸等绘画工具的性能和使用方法，让学生们能够根据自己的创作需求和风格，选择最适合自己的"战友"。

接下来，我们将进入基础线条与图形的练习阶段。线条是青花线描艺术的灵魂，它承载着画面的骨架和韵律。通过反复地练习和揣摩，学生们将逐渐掌握线条的粗细、曲直、疏密等变化规律，从而能够自如地运用它们来构建出千变万化的图形世界。这一阶段的学习，将为学生们打下坚实的基础，让他们在后续的创作中能够游刃有余。

色彩与构图的基础知识，是青花线描艺术课程中不可或缺的一环。色彩是画面的灵魂，它能够为作品注入生命力和情感；而构图则是画面的骨架，它能够让作品更加和谐、统一。我们将向学生们传授色彩的基本原理和运用技巧，让他们了解如何运用不同的色彩来营造出丰富的视觉效果。我们也将深入探讨构图的原则和技巧，帮助学生们掌握如何合理地安排画面元素，从而创作出更加引人入胜的作品。

青花线描艺术课程的基础教学，就像是一座金字塔的基石，它稳固而坚实，为学生们后续的艺术创作提供了有力的支撑。在这里，我们不仅要教会学生们如何掌握工具和材料，更要引领他们走进艺术的大门，去感受那无尽的魅力和奥秘。我们相信，通过这一阶段的学习，学生们将能够在青花线描艺术的道路上迈出坚实的步伐，走向更加辉煌的未来。

让我们携手共进，在青花线描艺术的世界里畅游，去感受那些独特的艺术气息和文化底蕴。在这里，我们将不断追求卓越，挑战自我，让艺术的火花在心中燃烧，照亮前行的道路。青花线描艺术课程基础教学，将是艺术之旅的起点，也是走向成功的关键一步。让我们怀揣着梦想和热情，共同开启这段美妙的艺术之旅吧！

第一节　工具与材料的介绍与使用

在青花线描课程中，需运用多种工具如勾线笔、毛笔、铅笔、橡皮擦以及直尺圆规等，同时配以宣纸、墨水、水彩颜料等材料，每一种都需精心挑选并妥善使用。例如，选择质量上乘的勾线笔和细腻吸墨的宣纸以绘制精准线条，使用稳定性高的墨水和水彩颜料来丰富画面色彩，而所有工具在使用后都需及时清洗保养，以确保其良好状态和延长使用寿命。通过这些工具和材料的巧妙结合，我们能够创作出精美且富有艺术层次感的青花线描作品。

一、工具介绍及使用要求

在青花线描课程中，需要运用勾线笔绘制精细线条，毛笔展现中国传统艺术之美，铅笔进行初步勾勒，橡皮擦修正错误，直尺和圆规辅助绘制直线和圆形。选择这些工具时要求质量好、型号适宜，并注意保持清洁、妥善保存，以确保创作过程的顺畅与精准。

（一）勾线笔

勾线笔作为青花线描中至关重要的工具，专门用于捕捉那些精致细腻的线条与轮廓。在挑选勾线笔时，我们追求的是笔尖的细腻与弹性，因为只有质量上乘的勾线笔，才能准确传达手部微妙动作，从而绘制出流畅且精准的线条。为了达到这样的效果，我们推荐使用那些经过精心制作的勾线笔，其笔尖不仅细腻，还具有良好的弹性，使得笔触轻重可控，线条粗细自如。

在使用过程中，保持笔尖的清洁是至关重要的。因为任何微小的杂质都可能导致墨水堵塞，进而影响线条的连贯性和质量。因此，绘制者应该养成定期清洗笔尖的好习惯，这样不仅可以延长勾线笔的使用寿命，还能确保每次创作时都能得到最佳的表现效果。清洗时，建议使用专业的清洗液和软布，轻柔地擦去笔尖上的墨渣和污垢，使其重新恢复锋利和流畅。

（二）毛笔

毛笔，这一传统中国绘画的标志性工具，同样也在青花线描的绘制中发挥着重要的作用。毛笔的独特之处在于其笔毛的柔软与韧性，这使得它能够根据绘制者的需求变化出丰富的线条宽度和质感。在选择毛笔时，要关注其型号和笔毛的质量。不同型号的毛笔，其笔毛的粗细和长度都会有所不同，因此它们各自擅长的线条宽度也会有所差异。

掌握正确的握笔方法和运笔技巧是使用毛笔的关键。握笔时，要确保笔杆与手掌之间形成一个稳定的支撑点，这样即使在长时间绘制后，手部也不会感到疲劳。而在运笔时，要学会通过调整笔毛与纸面的接触角度来改变线条的粗细，同时也要学会利用笔毛的弹性来产生丰富的笔触变化。

毛笔使用后的保养同样重要。墨汁若长时间残留在笔毛上，会导致笔毛变硬甚至脱落。因此，每次使用后都应及时清洗毛笔，最好使用温水和专用的笔洗工具，轻柔地去除笔毛上的墨渣。清洗后，应将毛笔晾干并妥善保存，避免笔毛受到压迫变形。

（三）铅笔

在青花线描的起草和初步勾勒阶段，铅笔扮演着重要的角色。无论是普通铅笔还是自动铅笔，它们都能帮助绘制者快速而准确地捕捉到最初的创作灵感。选择 HB 或 B 型号的铅笔是出于其适中的硬度和黑度考虑。这样的铅笔既不会因为过于硬朗而划伤画纸，也不会因为过于深重而难以修改。

在使用铅笔时，保持笔尖的锐利度是非常重要的。一个锐利的笔尖能够更精确地描绘出细节和轮廓，使得线条更加清晰和有力。为了达到这一目的，可以使用专业的铅笔刀来定期削尖铅笔，或者使用细砂纸来轻轻打磨笔尖。

我们也要注意控制使用铅笔的力度，过于深重的力度可能会导致线条过粗过重，给后续的修改带来困难。因此，在勾勒初步线条时，应该以轻柔的力度进行，这样不仅可以保护画纸不受损伤，还能为后续的创作留下更多的调整空间。

（四）橡皮擦

橡皮擦，尤其是软质橡皮擦，在青花线描中扮演着纠正与修正的重要角色。它的主要用途是擦除铅笔线条和修正绘画中的小错误，为绘制者提供了一个"后悔"的机会，使得画面能够更加完美。

在选择橡皮擦时，首要考虑的是其擦拭效果。一个优质的橡皮擦应该能够轻松擦去铅笔线条，同时不留痕迹或橡皮屑。这样的橡皮擦通常由柔软的材质制成，既保证了擦拭的彻底性，又能减少对画纸的损伤。除了擦拭效果外，橡皮擦的材质和使用方式也很重要，以避免在画纸上留下残留物或造成损伤。

使用橡皮擦时，手法要轻柔且均匀，避免因为急于求成而损伤画纸。定期清洗橡皮擦表面也是必不可少的步骤。长时间使用后，橡皮擦表面可能会积聚灰尘和污垢，这些会影响其擦拭效果。因此，建议定期用清水和软布清洗橡皮擦，保持表面的清洁和光滑。

要避免过度使用橡皮擦，因为过度擦拭可能会导致画纸起毛，进而影响画面的整体质感。在使用橡皮擦时，要有意识地控制擦拭的次数和力度，确保在修正错误的也能保持画纸的完整性。

（五）直尺和圆规

直尺和圆规是青花线描中不可或缺的绘图辅助工具，它们为绘制者提供了精确绘制直线和圆形图案的能力，从而保证了画面的准确性和专业性。

在选择直尺和圆规时，质量是关键。一个优质的直尺应该具有清晰的刻度和坚固的材质，以确保在绘制过程中不会弯曲或变形。同样，一个好的圆规应该具有稳定的结构和精确的调节功能，以便绘制出完美的圆形。

掌握正确的使用方法也是至关重要的。在使用直尺时，要确保尺边与画纸紧密贴合，然后沿着尺边轻轻绘制线条。而在使用圆规时，要先确定圆心和半径，然后固定好圆规的一脚在圆心上，再轻轻旋转圆规的另一脚来绘制圆形。

使用这些工具时要轻拿轻放，避免划伤画纸。使用后要及时清洁并妥善保存，以确保长期使用的准确性和稳定性。清洁时，可以用软布轻轻擦拭工具表面，去除污垢和指纹。保存时，建议将工具放在干燥、通风的地方，避免潮湿和腐蚀。

二、材料介绍及注意事项

在青花线描创作中，宣纸因其细腻质地和良好吸墨性成为首选。搭配质量上乘且稳定的墨水，能够勾画出精准的线条与细节，结合鲜艳的水彩颜料，可为作品增添丰富色彩和层次感。而调色盘与画笔清洗器的使用，则保证了在创作过程中色彩的精准调配与画笔的及时清洁。这些材料的巧妙运用共同构成了青花线描艺术的独特魅力。

（一）宣纸

宣纸，作为中国传统绘画的瑰宝，承载着千年的文化与艺术传承。它以独特的质地和优异的吸墨性，成为青花线描等精细绘画的首选材料。在洁白的宣纸上，绘制者挥洒着墨水，勾画出精美的青花线描作品，每一笔、每一线都显得格外清晰、流畅。

宣纸的细腻质地为绘制者提供了极佳的绘画体验。在绘制青花线描时，宣纸能够精准地呈现出笔触的细微变化，使得线条质感得以完美展现。其良好的吸墨性保证了墨色的均匀渗透，让作品呈现出丰富的墨色层次。这种独特的艺术效果，正是宣纸赋予青花线描的独特魅力。

在选择宣纸时，需要关注其质量和规格。质量上乘的宣纸，质地更加细腻，吸墨性更加均匀，能够更好地呈现出绘制者的创作意图。而规格的选择则应根据作品的具体需求来定，以确保画面布局的合理性。

在使用宣纸进行绘画时，保持画面的整洁至关重要。绘制者们需要小心谨慎地处理每一个细节，避免污渍和破损的发生。因为一旦宣纸受损，将直接影响作品的整体美观度和价值。因此，在绘画过程中要注重环境的清洁和整洁，确保每一幅作品都能够以最佳的状态呈现在世人面前。

（二）墨水

墨水，作为青花线描中不可或缺的材料，承载着线条的灵魂与韵味。黑色或蓝色的墨水，在宣纸上流淌，勾画出青花线描的精致与生动。无论是主要线条的勾勒，还是细节部分的刻画，都离不开墨水的点缀与渲染。

选择质量好的墨水，是青花线描创作中的关键一环。优质的墨水，色泽浓郁、稳定性高，能够在宣纸上呈现出鲜明的线条和层次感。而稳定性高的墨水，不易褪色、不易扩散，保证了作品的持久保存和观赏价值。

在使用墨水时，控制墨量是一门重要的技巧。过多的墨量会导致线条过于粗重，甚至产生滴落和渗透的现象；而过少的墨量则可能使线条显得干涩无力。因此，绘制者们需要根据绘画的需求和宣纸的吸墨性来合理调整墨量，以达到最佳的绘画效果。

定期清洗墨水瓶和笔尖也是保持墨水清洁度的重要措施。长时间使用的墨水瓶和笔尖容易积聚污垢和杂质，这些都会影响墨水的质量和绘画效果。因此，绘制者们需要养成良好的清洗习惯，确保墨水的纯净与流畅。在青花线描的创作中，墨水与宣纸共同构成了作品的基石，它们相互映衬、相得益彰，共同诠释着中国传统艺术的独特韵味。

（三）水彩颜料

水彩颜料，以其清新透明的特性，成为青花线描中染色部分的首选材料。水性颜料不仅能为青花线描作品增添丰富的色彩，还能通过不同的涂抹和渲染技巧，为作品带来独特的层次感和艺术效果。

在选择水彩颜料时，质量是至关重要的考量因素。优质的水彩颜料色彩鲜艳、透明度高，且易于溶于水，这使得艺术家能够更加自如地控制颜色的深浅和层次。鲜艳的色彩能够更好地突出青花线描的精致和生动，为作品注入更多的生命力。

使用水彩颜料时，控制颜料的浓度和水分比例是关键。过浓的颜料可能会导致色彩过于沉重，掩盖了线条的细腻之处；而过淡的颜料则可能使色彩显得单薄，缺乏层次感。因此，绘制者需要根据画面的整体色调和所需的艺术效果，精心调配颜料的浓度和水分比例。

妥善保存颜料也是非常重要的。水彩颜料容易受到空气、光照和温度等因素的影响，从而发生干燥和变质。为了防止这种情况发生，绘制者应该将颜料存放在阴凉、干燥且避光的地方，并确保容器的密封性良好。定期搅拌颜料，以保持其色泽和质地的均匀。

水彩颜料与青花线描的结合，为传统艺术注入了新的活力。通过巧妙的运用和搭配，绘制者能够创作出既具有传统韵味又富有现代感的青花线描作品。

（四）调色盘和画笔清洗器

调色盘和画笔清洗器，这两个看似简单的辅助工具，在青花线描的创作过程中却发挥着不可或缺的作用。调色盘为艺术家提供了一个混合颜料和墨水的平台，而画笔清洗器则确保了画笔的清洁和重复使用。

调色盘的选择应注重实用性和耐用性。一个优质的调色盘应该具有合适的分区，以便于绘制者将不同的颜料和墨水进行有序的混合。调色盘的材质也应考虑其耐磨性和易清洗性，以确保在长期使用过程中能够保持清洁和整洁。在调色盘上，绘制者可以自由地探索各种颜色和墨水的组合，从而创造出独特的色彩效果和艺术风格。

画笔清洗器的使用对于保持画笔的性能和延长其使用寿命至关重要。在绘画过程中，画笔难免会沾染上各种颜料和墨水，如果不及时清洗，这些残留物将会影响画笔的弹性和吸水性。因此，绘制者需要定期使用画笔清洗器来彻底清洁画笔，以确保其始终处于最佳状态。

在使用调色盘和画笔清洗器时，绘制者需要注意避免不同颜色之间的混淆和污染。这不仅关系到画面的整洁度，还直接影响到作品的最终效果。因此，绘制者需要养成良好的使用习惯，确保每种颜色和墨水都有专属的区域，避免相互干扰。定期清洗和整理调色盘和画笔清洗器也是必不可少的环节，以确保它们的清洁和有效性。

第二节　基础线条与图形的练习

在小学青花线描课程中，基础线条与图形的练习是至关重要的基石。通过掌握直线、曲线、弧线等基础线条类型，以及圆形、方形、三角形等基础图形，学生能够更准确地勾勒出物体的轮廓，表现出质感和动态，进而在青花线描作品中创造出具有美感和层次感的画面。这一练习过程不仅要求学生能够准确绘制各种线条和图形，更注重培养他们对线条和图形的敏感度、审美能力以及构图和创造力，最终将所学知识转化为具有个人风格的青花线描作品，体现出中国传统艺术的独特魅力。

一、基础线描

在青花线描中，基础线条的练习是关键，它要求学生通过掌握各种线条类型来准确勾勒物体轮廓、展现其质感和动态。通过保持手腕稳定、控制笔的力度和速度、注重线条细节，并经过示范教学、临摹练习、创作实践及互动交流等训练方法的反复练习和修正，最终达到能够熟练、准确、流畅地运用各种线条创造出具有美感的青花线描作品的目标。

（一）基础线条类型

在青花线描中，基础线条的运用至关重要。它们不仅能够勾勒出物体的轮廓，还能够表现出物体的质感和动态。

1. 直线：直线在青花线描中扮演着重要角色，它是表达物体硬朗和稳定特质的绝佳工具。通过笔直的线条，可以精准地描绘出建筑物的棱角、家具的轮廓或是山川的走势。直线的简洁明了，使得画面更加干脆利落，无一丝拖沓，同时也为作品增添了几分力量感。在青花线描中，直线不仅仅是轮廓的勾勒，更是绘制者表达坚毅与稳定的视觉语言。

2. 曲线：曲线在青花线描中以其柔和流畅的特质而独树一帜。它能够完美地呈现出物体的柔和形态，如流水的波纹、花瓣的边缘或是人物的发丝等。曲线的优雅与灵动，为作品增添了一种温婉的气质，使得画面更加生动且富有韵律感。绘制者通过曲线的运用，能够创造出一种和谐而自然的视觉效果。

3. 弧线：弧线以其圆润的特质，在青花线描中常被用来表现圆润的物体或动态感。无论是描绘果实的饱满、脸部的轮廓，还是表现运动的轨迹，弧线都能以其独特的形态美感为作品增色不少。它不仅能够凸显物体的柔和与圆润，还能通过连续的弧线组合，展现出一种流畅而富有动感的画面效果。

4. 折线：折线在青花线描中以其尖锐和转折的特性而备受青睐。它能够精准地表现出物体的棱角和边界，如山峰的峻峭、建筑的立面或是机械的零件等。折线的硬朗与明快，使得画面更加立体且富有张力。绘制者通过折线的巧妙运用，能够塑造出一种刚毅而有力的视觉形象。

5. 波浪线：波浪线以其连续起伏的形态，在青花线描中常被用来表现自然元素如水波、云彩等。它能够生动地模拟出自然界的波动和流动感，为作品增添一种灵动与韵律。波浪线的柔和与变化，使得画面更加丰富多彩且富有动感。绘制者通过波浪线的运用，能够创造出一种轻松而愉悦的视觉体验。

6. 螺旋线：螺旋线以其独特的旋转形态，在青花线描中常被用来表现旋转或上升的动态。无论是描绘旋风的旋转、藤蔓的缠绕还是楼梯的盘旋而上等，螺旋线都能以其独特的视觉效果为作品增添一种动态与生命力。绘制者通过螺旋线的巧妙运用，能够塑造出一种充满力量与活力的视觉形象。

7. 锯齿线：锯齿线以其短直线段的组合形态，在青花线描中常被用来表现粗糙的表面或质感。它能够生动地模拟出物体表面的纹理和质感，如树皮、岩石等。锯齿线的硬朗与粗糙感，使得画面更加真实且富有细节。绘制者通过锯齿线的运用，能够创造出一种粗犷而有力的视觉效果。

8. 弹簧线：弹簧线以其类似于弹簧形状的弹性特质，在青花线描中展现出一种独特的节奏感和动态美。它能够生动地表现出物体的弹性和柔韧性，如弹簧、跳绳等。弹簧线的灵活与多变，使得画面更加活泼且富有动感。绘制者通过弹簧线的巧妙运用，能够创造出一种轻松而有趣的视觉效果。

9. 虚线：虚线以其由一系列断点组成的形态，在青花线描中常被用来表示隐藏或不可见的部分。它能够以一种间断而隐约的方式呈现出物体的轮廓和形态，为作品增添一种神秘与朦胧的美感。虚线的隐约与断续感，使得画面更加含蓄且富有想象力。绘制者通过虚线的运用，能够创造出一种空灵而梦幻的视觉效果。

（二）基础线描技法

青花线描是一种极具特色的陶瓷装饰手法，它以精细的线条描绘出各种图案和纹饰，是中国传统陶瓷艺术的重要组成部分。在青花线描中，基础线描技法种类繁多，每种线条都有其独特的风格和用途。

1. 铁线描：顾名思义，其线条如同铁丝一般坚韧、细劲。在青花线描中，这种技法以其独特的刚劲之美脱颖而出。铁线描的线条粗细一致，从头到尾都保持着均匀的力度，仿佛在瓷器上刻画出一条条生动的铁丝。这种线条的实起实收，显示出绘制者运笔的稳健与精准。中锋用笔，线条几乎无变化，却散发出一种简约而不简单的力量感。铁线描常用于勾勒主体轮廓，为青花陶瓷增添一抹刚硬的韵味。

2. 淡描：淡描以其淡雅的色彩和流畅的线条，赋予青花线描一种别样的水墨韵味。使用极淡的青料轻轻勾画出图案的轮廓，每一笔都显得那么柔和、自然。淡描的线条简洁而不简单，它既能勾勒出物体的基本形态，又为后续的色彩渲染预留了空间。经过渲染填色后，整个画面呈现出水墨画般的朦胧与诗意，淡雅而不失细腻，给人一种清新脱俗的视觉享受。

3. 淡水点染：这种技法结合了线条的勾勒与色彩的点染，创造出别具一格的画面效果。在青花线描中，它以独特的层次感吸引着人们的目光。构图时，先用线条精细地勾勒出物体的轮廓，再通过点染的方式逐一添加色彩。这样做不仅保留了线条的清晰感，还通过色彩的深浅变化赋予了画面更加丰富的层次。淡水点染适用于表现那些细节丰富、色彩有深浅变化的图案，让青花陶瓷更加生动与立体。

4. 折带描：折带描线条如同折叠的带子一般，弯曲而富有转折。在青花线描中，这种技法能够生动地表现出动态的场景和形象。线条的粗细变化较大，时而粗犷有力，时而细腻柔和，仿佛在讲述着一个又一个动人的故事。折带描的独特之处在于它能够通过线条的变化来展现物体的动态美，使得青花陶瓷上的图案更加栩栩如生。

5. 钉头鼠尾描：钉头鼠尾描线条特点鲜明——起笔如钉头般尖锐，收笔如鼠尾般细长。这种线条在青花线描中极具表现力，能够生动地刻画出物体的细腻质感和层次。钉头鼠尾描的线条变化丰富，既有粗犷的钉头部分，又有细腻的鼠尾部分，二者相互映衬，使得整个画面更加生动有趣。这一技法常用于表现那些需要精细刻画的图案和纹饰，为青花陶瓷增添一份独特的艺术魅力。

6. 混水描：混水描是青花线描中一种独特的技法，它将不同深浅的青料混合在一起，通过线条的浓淡变化来表现物体的立体感和光影效果。这一技法使得画面更加丰富多彩，层次感和立体感更加强烈。在绘制过程中，需要精准地掌握青料的混合比例和运笔的力度与速度，才能呈现出理想的画面效果。

7. 没骨描：没骨描在青花线描中是一种注重色彩渲染和融合的技法。它不强调线条的勾勒，而是通过色彩的对比和过渡来表现物体的形态和质感。这种技法使得画面更加柔和、自然，色彩之间的过渡也更加和谐、统一。没骨描的运用需要绘制者具备对色彩的敏锐感知力和丰富的调色经验，才能准确地表现出物体的质感和光影效果。在青花陶瓷上运用没骨描技法，可以创造出一种别具一格的艺术风格，让人耳目一新。

8.工笔重彩描：工笔重彩描是青花线描中一种精细且色彩丰富的技法。它注重细节的刻画和色彩的鲜艳度，线条精细而有力，色彩明亮且富有层次感。这种技法常用于表现华丽繁复的图案和纹饰，使得青花陶瓷上的画面更加精美绝伦。工笔重彩描的运用需要绘制者具备精湛的绘画技艺和细致的观察力，才能准确地刻画出每一个细节并赋予其生动的色彩。

9.泼墨写意描：泼墨写意描是青花线描中一种豪放不羁的技法。它强调笔墨的自由挥洒和情感的抒发，线条粗犷有力且富有节奏感。色彩浓重而热烈，常常以大写意的手法表现出绘制者的个性和情感。这种技法在青花陶瓷上的运用使得画面更加生动有力、富有感染力。泼墨写意描的运用需要绘制者具备深厚的文化底蕴和艺术修养，才能将内心的情感通过笔墨自由地表达出来。这种技法的独特魅力在于它能够打破传统的束缚，以一种更加自由、奔放的方式展现出青花陶瓷的独特韵味和艺术风格。

（三）训练要求

青花线描，作为中国传统陶瓷艺术的璀璨瑰宝，对绘制者的线条掌握有着极高的要求。对于正在学习青花线描的学生来说，基础线条的练习至关重要，他们需要达到以下三个核心要求。

1.掌握并熟练运用各种线条画法

学生需要深入理解每一种线条的特性和绘制方法。这不仅仅是机械地模仿，更是要在理解的基础上进行创新。例如，铁线描的刚劲，淡描的柔和，折带描的动态，每一种线条都有其独特的美感。学生要通过不断的练习，使手、眼、心三者合一，才能够准确、流畅地绘制出这些线条。

对于线条的掌握不仅仅是画出其形态，更是要理解其背后的文化和审美意义。每一种线条都蕴含着深厚的历史文化底蕴，是中华艺术宝库中的瑰宝。学生要学会欣赏这些线条的美感，从而更好地掌握和运用它们。

2.理解并应用线条在青花线描中的表现

青花线描的魅力在于其能够通过线条的细腻变化，表现出物体的形态、质感和动态。学生需要学会根据不同的物体和情境，选择合适的线条类型进行表现。例如，对于硬朗的物体，可以选择使用铁线描或折带描来强调其刚硬的特质；而对于柔和的物体，则可以使用淡描或没骨描来表现其柔美的形态。

对线条应用的敏锐洞察力，需要学生通过大量的观察和实践来培养。他们要学会用线条去"讲述"物体的故事，让观者能够通过线条感受到物体的生命和灵魂。

3.培养对线条的敏感度和审美能力

线条是艺术的基石，是表达情感和意境的重要工具。学生要学会用审美的眼光去看待每一条线条，感受其独特的韵律和美感。通过不断地欣赏和分析优秀的青花线描作品，学生可以逐渐培养出对线条的敏感度，从而更好地运用线条来创造出具有美感的作品。

审美能力的培养是一个长期的过程，需要学生持续地投入时间和精力。但正是这种对美的追求和探索，使得青花线描这一传统艺术得以传承和发展。

（四）训练方法

为了达到上述要求，以下四种训练方法可供参考。

1.示范教学：传授技巧与启发灵感

示范教学是一种直观、有效的教学方法。教师可以通过现场示范或视频播放，向学生展示各种线条的画法和运用技巧。在示范过程中，教师不仅要注重技巧的传授，更要注重启发学生的灵感和创造力。

例如，在示范铁线描时，教师可以先讲解其历史背景和审美特点，然后逐步演示其画法。教师还可以引导学生思考如何在不同的情境中运用铁线描，以及如何与其他线条类型进行组合和创新。

通过示范教学，学生可以直观地感受到线条的魅力和表现力，从而更好地掌握和运用它们。

2.临摹练习：从模仿到创新

临摹是艺术学习中不可或缺的一环。通过临摹优秀的青花线描作品，学生可以逐步掌握线条的运用和表现技巧。在临摹过程中，学生要注重观察范本中的线条变化和组合方式，尝试理解作者的创作意图和审美追求。

然而，临摹并不仅仅是模仿，更是要在模仿的基础上进行创新。学生可以在临摹的过程中加入自己的理解和创意，尝试对范本进行改编或重构，如此不仅可以锻炼学生的线条运用能力，还可以培养他们的创新意识和审美能力。

3.创作实践：学以致用与自我表达

创作实践是检验学生学习成果的重要方式。通过鼓励学生运用所学线条知识进行创作实践，教师可以了解学生对线条的掌握程度和运用能力。在创作过程中，学生要结合自己的兴趣和情感进行表达，尝试用线条去描绘自己心中的世界。

教师可以为学生提供多种创作主题和情境，激发他们的创作灵感。教师还可以组织学生进行作品展示和交流活动，让他们相互学习、借鉴和提高。通过创作实践，学生可以更好地理解和运用线条这一艺术语言，实现自我表达和情感交流的目的。

4.互动交流：碰撞思想与合作共赢

互动交流是艺术学习中不可或缺的一环。通过组织学生之间进行作品展示和交流活动，教师可以为学生提供一个相互学习、借鉴和提高的平台。在交流过程中，学生可以分享自己的创作经验和心得体会，了解他人的创作思路和技巧。

互动交流还可以促进学生的团队合作精神和共赢意识。在团队合作中，学生可以相互协作、取长补短，共同完成一幅作品或解决一个问题。合作方式不仅可以锻炼学生的团队协作能力，还可以培养他们的集体荣誉感和责任感。

（五）基础线条训练需要注意事项

青花线描，这一传统的艺术形式，在练习过程中对学生的手腕稳定、笔力控制、细节处理等方面都有着极高的要求。为了确保练习效果，学生在青花线描基础线条的练习过程中，需要特别注意以下事项。

1. 保持手腕稳定

绘制线条时，手腕的稳定性是至关重要的。一个小小的抖动都可能导致线条出现偏差，影响整体的美感。为了保持手腕稳定，学生可以采取一些辅助措施。例如，在绘画时可将小臂或手腕轻轻放在桌面上，以此为支点进行绘制，这样可以大大减少手腕的抖动。学生还可以进行专门的手腕稳定性练习，如悬腕画直线、圆等，通过反复练习来增强手腕的控制力。

2. 精确控制笔的力度和速度

在青花线描中，不同类型的线条需要不同的笔力和速度来绘制。例如，虚线需要轻轻点触纸面以形成断点，这就要求学生在绘制时既要控制笔的力度，又要保持一定的速度，以确保虚线的均匀和美感。而对于粗实线，学生则需要加大笔的力度并快速移动笔尖，以形成厚重、有力的线条。为了达到这种精确的控制，学生可以通过多次实践来找到最适合的力度和速度组合。

3. 注重细节处理

细节决定成败，这句话在青花线描中尤为适用。学生在绘制线条时，要特别注意线条的起始和结束部分。一个好的开始和结束能够让线条看起来更加自然、流畅。在绘制曲线时，学生要保持线条的连贯性和美感，避免出现突兀的转折或断裂。为了达到这一效果，学生可以在绘制前先进行构思，确定线条的大致走向和形态，然后再下笔绘制。

4. 持续且大量的练习

无论是保持手腕稳定、控制笔的力度和速度，还是注重细节处理，这些都需要通过大量的练习来达成。练习是提高学生线条绘制技巧的关键途径。在练习过程中，学生要保持耐心和细心，不要因为一时的挫败感而放弃。学生还要学会在练习中不断反思和总结，找出自己的不足之处，然后有针对性地进行改进。

除了以上注意事项外，学生在练习过程中还要保持积极的心态和良好的学习习惯。青花线描是一门需要时间和耐心去磨砺的艺术，只有持之以恒地练习和反思，才能不断提高自己的技艺水平。

二、基础图形

在青花线描中，通过准确绘制并保持基础图形的比例形态美观，理解图形意义与运用，同时注重培养创造力和构图能力，学生能够有效提升青花线描的技艺水平并创作出具有层次感和动态感的优秀作品。

（一）基础图形类型

在青花线描艺术中，基础图形扮演着至关重要的角色。它们是由基础线条精妙组合而成的简单形状，不仅构成了画面的基本元素，还能通过灵活的组合和变化，衍生出千变万化的图案和精巧的构图。

1. 圆形：这一无瑕的形状，象征着完美、团圆和无尽的循环。在青花线描中，它常被用来描绘太阳、月亮等天体，为作品增添一抹神秘而永恒的美感。圆形的线条必须流畅且完美闭合，以展现出其独特的和谐与统一。

2. 方形：方形代表着稳定、坚固和正直，它是秩序和规律的象征。在青花线描中，方形常用于描绘建筑、家具等具有稳定感的物体。绘制方形时，需确保四边等长且直角相交，以体现出其坚实的特质。

3. 三角形：三角形具有稳定性和向上的动感，它在青花线描中常被用来表现山岳、箭头等具有指向性或稳定性的元素。三角形的绘制需要精确掌握三边的比例和角度关系，以展现出其独特的美感和力量感。

4. 菱形：菱形以其对称美和动态感而著称。在青花线描中，菱形常被用来表现宝石、星星等闪耀的元素，为作品增添一抹璀璨的光彩。绘制菱形时，需保持对角线相等且相交于中心点，以打造出完美的菱形结构。

5. 梯形：梯形具有稳定和渐变的视觉效果，它在青花线描中常被用来表现台阶、山坡等具有层次感的场景。绘制梯形时，需注意上下底边的平行关系和两侧斜边的倾斜角度，以营造出丰富的视觉层次感。

6. 椭圆形：椭圆形类似于圆形但更加修长，它代表着柔和与优雅。在青花线描中，椭圆形常用于表现水果、人脸等具有柔和曲线的物体。绘制椭圆形时，需精确掌握长轴和短轴的比例关系，以塑造出和谐的椭圆形形态。

7. 平行四边形：平行四边形具有动感和不稳定性，它在青花线描中常被用来表现运动中的物体或场景。绘制平行四边形时，需注意对边平行且相等的关系，以传递出强烈的动感和视觉冲击力。

8. 扇形：扇形具有向心力和扩散感，它在青花线描中常被用来表现风扇、花朵等具有放射性状的物体。绘制扇形时，需确定圆心和半径，并沿半径方向精确绘制弧线，以形成完美的扇形区域。

9. 心形：心形是爱情和温馨情感的象征。在青花线描中，心形常被用于制作贺卡、装饰品等浪漫主题的作品。绘制心形时，需熟练掌握两个半圆形的组合方式，以形成充满爱意的心形轮廓。

10. 五角星形：五角星形具有神秘和神圣的象征意义。在青花线描中，它常被用来表现星星、魔法阵等神秘元素。绘制五角星形时，需精确确定五个顶点的位置和连接方式，以塑造出富有神秘感的五角星形状。

（二）青花线描常见图形

青花线描，这一在青花瓷上使用的传统绘画技巧，以其独特的线条表现形式勾勒出了千变万化的图案和纹饰。

1. 云纹：这一装饰元素在青花线描艺术中飘逸如云，仿佛将天空的云朵凝固在了瓷器之上。通过精湛的线条技艺，将云朵的轻盈、飘逸和变幻无常的特性展现得淋漓尽致。在云纹的描绘中，线条的精细变化是至关重要的，它们或弯曲、或舒展，如同真实的云朵在天空中自由舒展。此种图形的运用不仅为青花瓷增添了独特的艺术美感，更让人们能够从中感受到云卷云舒的自然韵味，仿佛置身于广阔无垠的天空之下，心灵也随之得到放飞。云纹的美，既在于其形态的多变与灵动，也在于其带给人们的那种宁静、闲适的心境。

2. 卷草纹：这一以植物叶片和藤蔓为原型的装饰图案，在青花线描艺术中展现出一种别样的动态美。通过线条的螺旋状延伸，卷草纹仿佛将自然界

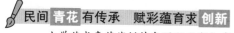
的生机勃勃和植物的柔韧性完美地融合在了一起。这种图形常常作为边饰或底纹出现，为青花线描作品增添了一抹生动的自然气息。在卷草纹的描绘中，我们可以清晰地看到每一片叶子、每一根藤蔓都仿佛在随风轻轻摇曳，充满了生命力。卷草纹美感不仅让人们欣赏到了青花瓷的精湛工艺，更让人们感受到了大自然的魅力和生命的活力。

3. 回纹：这一由连续的方形图案和直线组成的装饰元素，在青花线描艺术中形成了一种独特而连续的视觉效果。它不仅具有极强的装饰性，更蕴含着一种循环往复、无穷无尽的哲学意味。在青花瓷的边缘装饰中，回纹以其规整而富有节奏感的特点为整件作品增添了一种严谨而优雅的美感。每一个方形图案都紧密相连，形成了一种连绵不断、循环往复的视觉效果，让人们感受到了时间的流转和生命的轮回。回纹的简洁与规整也展现了对于秩序和和谐的追求。

4. 如意纹：这一以中国传统吉祥物"如意"为设计原型的装饰图案，在青花线描艺术中展现出一种神秘而典雅的气息。线条流畅而优雅，如同真实的如意一般，寓意着吉祥如意、万事顺遂的美好愿望。如意纹的运用不仅为青花线描作品增添了一种独特的艺术造型，更让人们感受到了中国传统文化的深厚底蕴。在如意纹的描绘中，我们可以看到绘制者对于线条的精湛运用和对于传统文化的深刻理解，让人们欣赏到青花瓷的精湛工艺和传统文化的独特魅力，更让人们对于生活的美好愿景充满期待和希望。

5. 海水江崖纹：这一装饰图案以波浪线和山崖为基本元素，巧妙地通过线条的运用，生动地再现了江海波涛和山川峻峭的壮丽景象。在青花线描艺术中，这种图形不仅展现了大自然的磅礴气势，更为作品注入了一种豪迈而深邃的艺术气息。波浪线如同真实的海浪一般翻滚涌动，而山崖则呈现出险峻挺拔的姿态，两者相互映衬，形成了一幅生动的自然画卷。这种图形的运用，让人们仿佛置身于广阔无垠的大海之滨，感受到了大自然的壮丽与辽阔。海水江崖纹也蕴含着人们对于大自然的敬畏与崇拜之情，体现了人与自然的和谐共生之道。在青花线描作品中，这种图案的运用不仅提升了艺术美感，更传达了一种对于大自然的热爱与尊重。

6.龙纹：龙纹是青花线描艺术中备受推崇的经典图案之一。通过精湛的线条技巧，绘制者描绘出了龙的威猛姿态和神秘气质，使之栩栩如生。龙，作为中国传统文化中的神兽，象征着权力和尊贵。在青花线描艺术中，龙纹的运用不仅展现了其独特的艺术魅力，更传达了深厚的文化内涵。每一条线条都经过精心雕琢，将龙的鳞片、爪牙以及腾飞的姿态刻画得淋漓尽致。这种图案让人们感受到了龙的威严与力量，同时也体现了中国传统文化中对于龙的崇拜与敬畏。在青花线描作品中，龙纹常常作为主题图案出现，以其独特的文化内涵和艺术表现力吸引着人们的目光。

7.凤纹：凤纹是以凤凰的形象为基础进行创作的装饰图案。在青花线描艺术中，凤纹以其细腻而柔美的线条展现出凤凰的高贵气质和美丽身姿。凤凰作为中国传统文化中的神鸟，寓意着吉祥、和平与幸福。在青花线描作品中，凤纹常常与其他图案相结合，如龙凤呈祥等，共同构成一幅幅绚丽多彩的艺术画卷。凤纹的线条流畅而优雅，将凤凰的羽毛、翅膀以及优雅的姿态刻画得入木三分。这种图案不仅让人们欣赏到了凤凰的美丽与高贵，更传达了中国传统文化中对于和平与幸福的向往与追求。

8.花鸟鱼虫纹：花鸟鱼虫纹是青花线描艺术中富有生机与活力的装饰图案。这类图案以自然界中的花卉、鸟类、鱼类和昆虫为创作原型，通过生动的线条描绘出它们的形态和特征。在青花线描艺术中，花鸟鱼虫纹以其独特的艺术风格和丰富的文化内涵而受到广泛喜爱。每一种生物都被精心刻画，栩栩如生，仿佛置身于一个充满生机的自然世界中。这些图案不仅让人们感受到了大自然的美丽与和谐，更体现了绘制者对于自然界的热爱与敬畏之情。花鸟鱼虫纹也蕴含着吉祥如意的寓意，为人们带来美好的祝福与期许。

9.八宝纹：这一装饰图案汇聚了八种象征物，每一种都拥有独特的线条造型和深远寓意。这些象征物——轮、螺、伞、盖、花、罐、鱼、肠，在青花线描艺术中被精湛地描绘为作品增添了一种神秘而庄严的美感。当这些象征物被巧妙地融入到青花瓷的装饰中，我们不仅能欣赏到严谨而精美的线条构图，更能感受到文化的博大精深。

10. 几何纹：这一以圆形、方形、菱形等几何形状为基础的装饰图案，在青花作品中常作为底纹或边饰出现。这些图案的线条规整而富有节奏感，为整个作品增添了一种简洁而明快的美感。几何纹的运用，不仅展示了绘制者对于线条和形状的精湛掌控，更体现了他们对于数学和几何美学的深刻理解。在青花线描艺术中，我们可以看到这些几何形状被巧妙地组合和排列，形成了一种独特而和谐的视觉效果。这种美感既是理性的、严谨的，又是感性的、直观的，让人们对于青花瓷的艺术价值有了更深的认识和理解。

11. 锦地纹：这种以线条构成密集图案的背景纹饰，如同华丽的织锦一般绚烂夺目。在青花线描艺术中，锦地纹以其丰富而细腻的视觉体验吸引着人们的目光。这种图案的运用不仅展示了绘制者对于线条和色彩的精湛运用，更让人们感受到了传统工艺的精湛技艺和无穷魅力。锦地纹的线条错综复杂，却又井然有序，形成了一种独特的美学效果。在欣赏这些作品时，我们仿佛能够穿越到古代，亲身感受到那些工匠们一针一线地精心制作，体会到了传统工艺所蕴含的深厚文化底蕴和精湛技艺。

12. 人物故事纹：人物故事纹是青花线描艺术中一种富有叙事性的装饰图案，它以历史人物或神话故事为主题进行创作。通过细腻的线条，绘制者描绘出一个个动人的故事场景和人物形象，让人们能够深入地理解和感受到传统文化的独特魅力和深刻内涵。这些图案不仅具有深厚的历史文化底蕴，更在青花线描作品中形成了一种独特的艺术风格。每一个人物、每一个场景都被精心刻画，栩栩如生，仿佛能够将我们带入到那些古老的故事之中。在欣赏这些作品时，我们不仅能够领略到青花瓷的精湛工艺和独特美感，更能够感受到传统文化的无穷魅力和深远影响。

（三）图形训练要求

青花线描，这一传统艺术形式，对学生的基础图形掌握有着极高的要求。为了达到熟练运用的层次，学生必须经过严格的图形训练。

1. 准确绘制基础图形

学生需要具备准确绘制各种基础图形的能力，这是青花线描的基石。无论是简单的圆形、方形，还是复杂的云纹、龙纹，都需要学生能够准确无误地描绘出来。在绘制过程中，学生还需保持图形的比例协调、形态美观，这是对技艺的考验，也是对美感的追求。

2. 理解图形在青花线描中的运用

理解图形的寓意和运用场景，是青花线描艺术中的重要一环。学生需要深入了解各种图形在传统文化中的象征意义，以及它们在青花线描作品中的装饰和叙事功能。只有这样，学生才能根据创作需求，灵活地选择合适的图形进行组合和变化，从而创作出既符合传统审美又富有新意的青花线描作品。

3. 培养空间感和构图能力

青花线描作品不仅仅是简单的图形堆砌，它更讲究画面的空间感和层次感。因此，学生需要通过不断的练习和感悟，逐渐培养出对画面的空间感和构图能力。只有掌握了这些技巧，学生才能运用图形创造出具有层次感和动态感的青花线描作品，让画面更加生动、有趣。

（四）图形训练方法

为了达到上述图形训练的要求，以下训练方法被证明是行之有效的。

1. 图形临摹练习

临摹是学习绘画技艺的基础方法，对于青花线描的学习同样适用。通过提供包含各种基础图形的范本供学生临摹练习，可以帮助他们熟悉和掌握图形的绘制技巧。在临摹过程中，学生需要仔细观察范本中的线条走向、比例关系和细节处理，逐步提高自己的绘制水平。

2. 图形组合与变化练习

当学生熟练掌握了各种基础图形的绘制技巧后，便可以开始进行图形组合和变化的练习。这一步骤旨在培养学生的创造力和构图能力，让他们尝试将不同的基础图形进行巧妙的组合和变化，从而创造出新的图案和构图形式。这样的练习不仅能够锻炼学生的思维能力，还能激发他们的创作灵感。

3. 创作实践与作品展示

学习的最终目的是为了运用。因此，鼓励学生运用所学图形知识进行创作实践是至关重要的。通过设计并绘制具有个人风格的青花线描作品，学生可以将理论知识转化为实际操作能力，并在实践中不断提升自己的技艺水平。组织学生展示自己的作品并进行交流分享活动，不仅能够激发他们的学习热情和自信心，还能从同伴的作品中获得灵感和启发，进一步拓宽自己的创作思路。这样的训练方法不仅能够提升学生的技艺水平，还能培养他们的艺术素养和审美能力。

（四）注意事项

在青花线描的学习旅程中，学生不仅要沉浸在图形的艺术世界中，更要在实践中细心打磨每一个细节。以下是学生在青花线描基础图形的练习过程中应当特别注意的几个事项。

1. 准确绘制，线条流畅

绘制图形时，准确性是首要要求。每一条线条都需精准到位，这不仅体现在线条的走向，还包括其粗细和力度。对于曲线图形，如圆形和椭圆形，学生需特别注重线条的圆滑与连贯，避免出现突兀的转折或断裂。相对的，直线图形如方形、三角形，则对线条的平直度和相交角度有更高要求。流畅而准确的线条是青花线描作品的基础，也是其美感的来源。

2. 比例协调，形态美观

比例和形态是图形美观的关键。学生在练习时，应时刻关注图形的大小比例，避免某个部分过于突出或缩小，导致整体失衡。图形的形态也要追求美观和协调。这并不意味着每个图形都必须完美无缺，但整体上的和谐与美感是必不可少的。通过不断的练习和调整，学生会逐渐培养出对比例和形态的敏锐感知。

3. 深入理解图形意义

青花线描不仅仅是线条的组合，每一个图形都承载着特定的象征意义和文化内涵。学生在练习过程中，不仅要掌握绘制技巧，更要深入理解图形的寓意和运用场景。这样在创作时才能更准确地选择图形元素，并将其巧妙地融入到作品中，赋予作品更深层次的文化价值和艺术内涵。

4.培养创造力与构图感

基础图形的练习虽然重要，但学生的创造力和构图能力同样不可忽视。在熟悉了各种基础图形的绘制方法后，学生应尝试打破常规，进行图形的组合、变形和创新。这不仅能提升学生的艺术创造力，还有助于他们形成独特的艺术风格。构图感的培养也是关键。学生应学会如何在有限的画面空间内合理安排图形元素，营造出既有层次感又不失整体感的视觉效果。

第三节　色彩与构图的基础知识

在小学青花线描课程中，色彩与构图是两大核心，其中色彩涉及三属性、原色间色、冷暖对比、情感表达等基础知识，构图则涵盖原则、元素、布局、层次感等要点。通过学习这些基础，学生能够更深入地理解艺术作品，提升艺术素养和审美能力。因此，教师应当重视培养学生的色彩感知与构图技巧，为他们未来的艺术创作之路奠定坚实基础，使其在掌握青花线描精髓的过程中能够运用色彩与构图创造出独具魅力的艺术作品。

一、色彩基础知识

在小学青花线描课程中，色彩不仅能够为作品增添活力和情感，还能帮助学生更好地理解艺术作品的视觉效果。青花线描色彩作为至关重要的元素，它涵盖了色相、明度、饱和度三属性，由原色、间色、复色构成，分为冷暖色调。通过对比增强视觉冲击力，调和实现画面和谐，不同的色彩能引发不同的情感反应。在青花线描中以蓝色为主，其他颜色为辅，展现层次感和立体感。因此，教师需要着重培养学生的色彩感知能力，以提升其艺术素养和审美能力。

（一）色彩的三属性

在小学青花线描课程中，色彩的三属性——色相、明度和饱和度是构建画面的基石。色相，作为色彩的首要属性，决定了颜色的基本特质。在青花线描中，我们常常以蓝色为主色调，这种选择正是因为蓝色所代表的宁静、深沉与青花线描的传统美学相得益彰。蓝色，如同深邃的海洋与广阔的天空，给人一种深远和宽广的感觉。

明度，则影响着画面的明亮与阴暗。在青花线描中，通过调整蓝色的明度，我们可以营造出不同的氛围。高明度的蓝色，清新脱俗，如同初春的晨露，给人带来一种轻盈的感觉；而低明度的蓝色，则显得更加沉稳，如同深秋的夜空，让人感受到一种宁静与深邃。

饱和度，是色彩的鲜艳程度的体现。在青花线描中，饱和度的运用同样重要。高饱和度的蓝色，鲜艳夺目，使得整个画面充满活力；而低饱和度的蓝色，则显得更加柔和，给人一种淡雅的感觉。

（二）原色、间色与复色

在小学青花线描课程中，我们需深入探讨原色、间色与复色的概念及其运用。原色，即红、黄、蓝三种基本颜色，它们是构成所有色彩的基础。在青花线描中，虽然以蓝色为主，但原色的理念依然贯穿其中。蓝色作为原色之一，其纯粹与鲜明为青花线描注入了独特的魅力。

间色，由两种原色混合而成，为青花线描带来了更多的色彩可能性。例如，在青花线描中，我们有时会看到一种独特的紫色，它是由红色和蓝色混合而成的间色。紫色不仅丰富了画面的色彩层次，还为作品增添了一种神秘与高贵的气质。

复色，则是由原色、间色或多种颜色混合而成的复杂色彩。在青花线描中，复色的运用使得画面更加丰富多彩。通过巧妙地混合不同的颜色，我们可以创造出各种独特的色调，从而赋予青花线描更多的艺术表现力。

（三）色彩的冷暖

在小学青花线描课程中，我们需深入探讨色彩的冷暖属性及其对画面的影响。色彩的冷暖，不仅仅是一种视觉上的感受，更是一种情感的表达。

暖色，如红、橙、黄，给人一种温暖、活泼的感觉。在青花线描中，虽然蓝色是主旋律，但适当地加入暖色元素，可以为画面增添一抹温暖与活力。例如，在描绘春天或秋天的场景时，我们可以运用一些暖色调来表现出季节的温馨与美好。

冷色，如蓝、绿、紫，则给人一种凉爽、沉静的感觉。在青花线描中，冷色的运用使得画面更加清新与宁静。通过调整冷色的明度和饱和度，我们可以营造出不同的氛围和情绪。例如，深蓝色的背景，可以让人感受到一种深邃与神秘；而浅蓝色的天空，则给人一种轻松与愉悦的感觉。

在青花线描中，巧妙地运用色彩的冷暖属性，不仅可以丰富画面的色彩层次，还可以更好地表达出作品的主题和情感。

（四）色彩的对比

色彩对比是艺术作品中极其重要的视觉现象，它源于两种或多种颜色在色相、明度或饱和度上的差异，这种差异进而产生强烈的视觉冲击。在青花线描中，色彩对比同样发挥着至关重要的作用。

青花线描以蓝色为主色调，通过巧妙地运用不同深浅的蓝色来构建画面的层次感和立体感。然而，单一的蓝色调难免会使画面显得单调。此时，色彩对比的运用就显得尤为重要。例如，在青花线描作品中，绘制者可能会加入一些与蓝色形成强烈对比的颜色，如亮丽的红色或黄色，来突出画面的重点或增添活力。这种对比不仅能够强调主题，还能引导观众的视线，使作品更具吸引力。

明度和饱和度的对比也是青花线描中常用的手法。通过调整蓝色的明度和饱和度，绘制者可以创造出丰富的光影效果和视觉层次感。高明度与低明度的蓝色相互映衬，使得画面更加立体；高饱和度与低饱和度的蓝色相互搭配，则能营造出独特的氛围和情绪。

色彩对比在青花线描中的运用，不仅丰富了画面的视觉效果，还使得作品更加生动和有趣。通过巧妙的色彩对比，绘制者能够更好地表达自己的创作意图和情感，从而与观众产生更深的共鸣。

（五）色彩的调和

色彩的调和是艺术创作中的关键技巧，尤其在以蓝色调为主的青花线描中，它起到了平衡和统一画面的作用。与色彩对比形成鲜明反差，调和追求的是色彩的和谐与协调，旨在创造一种视觉上的舒适感。

在青花线描中，色彩的调和主要体现在对蓝色的精细处理上。不同深浅的蓝色被巧妙地编织在一起，形成一种既有层次又不失整体感的画面。色彩调和不仅体现在色相上，还涉及明度和饱和度的微妙调整。例如，绘制者可能会使用渐变色来过渡不同的蓝色区域，从而使整个画面看起来更加自然流畅。

调和还意味着在必要时引入其他色彩来与蓝色形成和谐的呼应。这些辅助色彩可能非常微妙，但它们对于增强画面的整体感和平衡感至关重要。通过色彩的调和，青花线描作品能够展现出一种宁静而优雅的视觉体验，使观众在欣赏时感受到和谐与宁静。

（六）色彩的情感表达

色彩不仅是视觉的元素，更是情感的载体。在青花线描中，色彩，尤其是蓝色，被赋予了深厚的情感意义。蓝色，作为一种冷静而深沉的颜色，常常与平静、理智和信任等情感联系在一起。在青花线描作品中，这种色彩的情感表达被发挥得淋漓尽致。

通过不同深浅的蓝色，绘制者能够传达出丰富的情感变化。浅蓝色可能代表宁静与平和，而深蓝色则可能象征着深邃与神秘。情感的传递不仅依赖于蓝色的色相变化，还与其明度和饱和度紧密相关。明亮的蓝色可能带来一种轻松愉悦的感觉，而暗淡的蓝色则可能引发沉思或忧郁的情绪。

除了蓝色本身外，青花线描中也可以融入其他色彩来丰富情感的表达。例如，淡淡的红色可为画面增添一抹温暖与活力，而绿色则可带来一种生机与自然的气息。这些色彩的运用都是为了更好地传递绘制者的创作意图和情感。

（七）色彩在青花线描中的运用

在青花线描中，色彩的运用是青花线描魅力的重要组成部分，且需遵循一定的艺术规律和审美原则。

青花线描以蓝色为主色调，这种选择不仅因为蓝色给人以清新、宁静的视觉感受，还因为蓝色能够与白色的背景形成鲜明的对比，从而突出线条的流畅与美感。在青花线描中，通过运用不同深浅的蓝色来表现画面的层次感和立体感，可使整个作品呈现出丰富的视觉效果。

青花线描并不局限于单一的蓝色调，为了丰富画面效果，绘制者也会适当地运用其他颜色进行点缀和装饰。这些辅助色彩的运用，不仅能够为画面增添一抹亮色，还能够与主色调形成呼应，共同构建一个和谐统一的色彩体系。

在青花线描的创作过程中，色彩的运用需要紧密结合主题和情感表达的需求。绘制者通过色彩的巧妙搭配和运用，将自己的情感和创作意图融入作品中，使得每一件青花线描作品都成为独一无二的艺术瑰宝。

（八）学生色彩感知能力发展

在小学青花线描课程中，培养学生的色彩感知能力至关重要。这不仅关系到学生的艺术素养和审美能力的发展，还对他们未来的艺术创作和创新思维产生深远影响。

为了有效培养学生的色彩感知能力，教师可以通过展示优秀的青花线描作品，引导学生观察和分析作品中的色彩运用。通过对比不同作品中的色彩搭配和色调变化，帮助学生建立起对色彩的基本认知和感知能力。

教师可以组织学生开展色彩运用的实践活动。例如，可以让学生尝试运用不同的蓝色调来创作自己的青花线描作品，通过亲身实践来加深对色彩运用的理解和感悟。教师可以引导学生尝试运用其他颜色来丰富自己的作品，以培养他们的创新思维和审美能力。

教师还可以结合学生的年龄特点和认知水平，设计富有趣味性和挑战性的色彩感知训练活动。例如，可以通过色彩搭配游戏、色彩辨识竞赛等方式，激发学生的学习兴趣和积极性，使他们在轻松愉快的氛围中提升色彩感知能力。

二、构图基础知识

构图是艺术创作中的关键环节，它决定了作品的布局和视觉效果，遵循对比统一、对称均衡、节奏韵律等原则。通过点线面基本元素布局，运用透视、明暗、色彩等手法营造层次和焦点，追求平衡感并适当留白。在小学青花线描课程中，教师应重视这些构图基础知识，培养学生的构图能力，以提升其艺术创作水平。

（一）构图的原则

构图的原则是艺术创作中的"金科玉律"，为作品的视觉效果提供了指导和保障。在小学青花线描的教学中，我们特别强调对比与统一、对称与均衡、节奏与韵律等原则的运用。

对比与统一是构图的首要原则。在青花线描中，我们常通过线条的粗细、曲直以及色彩的深浅来制造对比，使得画面更加丰富多样。然而，对比之余，统一也同样重要。统一意味着在多样性中寻求一种协调性，使得整个画面看起来和谐而不显杂乱。例如，在绘制青花瓷器时，虽然瓷器上的花纹各异，但通过统一的蓝色调和相似的线条风格，我们能够实现画面的整体统一。

对称与均衡给画面带来稳定感和平衡感。在小学青花线描作品中，我们鼓励学生尝试运用对称构图，如绘制左右对称的花瓶或盘子等。这样的构图不仅美观大方，还能培养学生的空间感。而均衡则是一种更为灵活的平衡方式，它不要求严格的对称，而是通过元素的分布和重量的均衡来达到视觉上的平衡。例如，在一幅青花线描画中，左边绘制了一朵繁复的花朵，为了保持均衡，右边则可以绘制一些简单的枝叶或纹饰。

节奏与韵律为画面注入了动感和生命力。在青花线描中，节奏可以通过线条的排列和组合来体现，如同音乐的节拍一样，有快有慢，有强有弱。而韵律则更像是音乐中的旋律，它使得画面中的元素呈现出一种和谐而有规律的变化。例如，在绘制青花山水时，通过山峰的高低起伏、水流的蜿蜒曲折，我们可以感受到一种自然的节奏和韵律。

（二）构图的基本元素

点、线、面，这三个简单的元素是构图的基础，它们在青花线描中扮演着至关重要的角色。

点在青花线描中，如同音符在五线谱上，虽小却足以引起注意。它们可以是画面的焦点，也可以是细节的点缀。在青花线描中，点常常表现为小花、叶子或是瓷器上的装饰点。这些点不仅丰富了画面的内容，还起到了引导观众视线的作用。

线是青花线描的灵魂。它可以是流畅的曲线，也可以是硬朗的直线。通过线条的粗细、长短、曲直变化，能够描绘出各种各样的形状和纹理。在青花线描中，线条的运用尤为关键，它们不仅勾勒出物体的轮廓，还通过线条的排列和组合，表现出画面的层次感和立体感。

面在构图中起到了划分区域和构建空间的作用。在青花线描中，面可以是瓷器的表面、山水的背景或是人物的服饰。通过面的运用，可以将画面分割成不同的部分，使得整个构图更加有条理和层次感。面也可以用来表现光影效果和色彩变化，为画面增添更多的视觉元素。

在小学青花线描的教学中，我们特别强调学生对点、线、面的理解和掌握。通过引导学生观察和分析经典作品中的构图元素，以及鼓励他们在创作中大胆尝试和运用这些元素，旨在培养学生的构图意识和能力，提高他们的艺术创作水平。

（三）构图的布局

构图的布局如同战略家在棋盘上的排兵布阵，需要深思熟虑，巧妙安排。在小学青花线描的教学中，我们注重引导学生理解并掌握几种常见的构图布局，如三角形构图、对角线构图和S形构图，以丰富他们的创作手法和提升作品的视觉效果。

三角形构图以其稳定性和层次感而著称。在青花线描中，学生可以尝试将主要元素排列成一个三角形的形状，这样的布局既能使画面显得均衡稳定，又能通过三角形的顶点来突出主题。例如，在绘制青花瓷器时，可以将瓷器的主体部分置于三角形的顶点，而将辅助纹饰和背景元素分布在三角形的两侧，从而形成一个和谐而富有层次感的画面。

对角线构图能带来一种动态和张力。在青花线描中，学生可以运用对角线来安排元素的位置和方向，从而创造出一种视觉上的流动感和冲击力。例如，在绘制青花山水时，可以将山峰或水流沿对角线方向延伸，使得整个画面充满动感和生命力。

S形构图则以其优雅和流畅性而受到青睐。在青花线描中，S形构图可以用来表现曲线的韵律和节奏感。学生可以尝试将元素按照S形的路径进行排列，从而营造出一种柔和而富有节奏感的画面效果。例如，在绘制青花人物时，可以让人物的服饰或动作呈现出S形的曲线，以增强作品的韵律美和动态感。

通过引导学生理解和掌握这些常见的构图布局，我们不仅能够提升他们的艺术创作水平，还能培养他们的审美能力和创新思维。在小学青花线描的教学中，我们鼓励学生大胆尝试不同的构图布局，探索属于自己的独特风格。

（四）构图的层次感

在小学青花线描的教学中，构图的层次感是一个至关重要的概念。层次感，是指通过构图技巧使画面呈现出前后、远近、大小等多层次的空间感，使得二维的画面具有三维的立体感和深度。层次感的营造不仅能够提升作品的艺术表现力，还能够引导观众的视线，增强作品的吸引力。

透视原理是表现层次感的重要手段之一。在线描作品中，可以通过线条的透视变化，即近大远小的原则，模拟人眼观察物体的视觉效果。例如，在绘制青花瓷器时，远处的瓷器可以绘制得相对较小，而近处的瓷器则相对较大，以此来营造出空间感。通过线条的交汇点，即灭点，也可以进一步强调画面的透视效果，增强层次感。

明暗对比也是表现层次感的有效方法。在青花线描中，可以通过线条的粗细、浓淡来表现物体的明暗关系，从而营造出画面的层次感。例如，在绘制青花山水时，近处的山石可以通过浓重的线条来强调其立体感和质感，而远处的山水则可以通过细淡的线条来表现其朦胧和遥远的感觉。

色彩变化同样能够为画面带来丰富的层次感。虽然青花线描以蓝色为主色调，但可以通过运用不同深浅的蓝色来表现画面的层次感和立体感。例如，在绘制青花人物时，可以通过深浅不同的蓝色来表现人物的衣着和肌肤的层次感，使得人物更加立体和生动。

（五）构图的焦点

在小学青花线描的教学中，构图的焦点是一个核心概念。焦点，即画面中最能吸引观众注意力的部分，是构图中的重中之重。它不仅是绘制者表达主题和情感的关键点，也是观众解读作品的入口。

在青花线描中，焦点的选择多种多样，可以是某个人物、物体或场景等。例如，在绘制青花瓷器时，可以选择瓷器上的某个图案或纹饰作为焦点，通过精细的线条和色彩来突出其主题和美感。同样，在绘制青花山水时，一座雄伟的山峰或一处别致的亭台楼阁也可以成为画面的焦点。

为了有效地突出焦点，可以运用多种构图技巧。例如，通过调整线条的粗细、浓淡和色彩来强调焦点的存在感；通过对比和反差来凸显焦点的独特性；甚至可以通过适当的留白和简化背景来突出焦点的重要性和地位。

在小学青花线描的教学中，应该注重引导学生理解焦点的概念和作用，并教会他们如何选择和突出焦点。通过实例分析和实践操作，帮助学生掌握构图焦点的技巧和方法，提高他们的艺术创作水平和审美能力。

（六）构图的平衡感

构图中的平衡感是艺术创作中的重要原则，尤其在青花线描中显得尤为关键。平衡感不仅关乎画面的稳定性，更影响着观众对作品的整体感受。

平衡感并非指画面两侧元素的完全对称，而是一种视觉上的均衡感。在青花线描中，这种平衡可以通过多种方式实现。对称是一种直观的平衡手法。例如，在画面中心放置一个主要元素，两侧辅以相似的图案或纹饰，从而形成一种稳重而和谐的视觉效果。然而，过度的对称也可能导致画面呆板，因此，绘制者也常运用均衡的原则来打破严格的对称。通过不同大小、形状和色彩的元素的巧妙布局，达到一种动态的平衡。

在青花线描的创作中，平衡感的运用需要对画面的整体把握和细腻调整。例如，在绘制青花瓷器时，需要考虑瓷器本身的形状、图案的布局以及背景的处理等诸多因素，以确保画面的平衡感。而在绘制青花山水时，山峰的起伏、水流的曲折以及云雾的飘渺等都需要精心安排，以营造出一种自然而又和谐的画面效果。

在小学青花线描的教学中，应该注重引导学生体会平衡感的重要性，并通过实例分析和实践操作来帮助他们掌握构图平衡的技巧和方法。通过培养学生的平衡感，不仅可以提升他们的艺术创作水平，还能培养他们的审美能力和创新思维。

（七）构图中的空白处理

在艺术创作中，空白处理是一种高深的艺术技巧，尤其在青花线描中，这种技巧的应用显得尤为重要。空白，不仅仅是画面的缺失部分，更是一种有意的艺术留白，它能够给予观众无限的想象空间，同时也使得整个画面更为简洁、明了。

在青花线描作品中，适当的空白处理可以让主题更加突出，避免画面过于拥挤和繁杂。例如，在绘制青花瓷器时，绘制者可能会在瓷器周围留下一定的空白，这样不仅可以凸显出瓷器本身的形状和图案，还能让观众的目光更加专注于瓷器，从而更好地欣赏到青花线描的细腻与精美。

空白处理还可以引发观众的思考和联想。在青花线描中，通过巧妙的空白布局，可以引导观众去想象那些未被描绘出来的部分，从而丰富画面的内涵和意义。这种"言外之意"的艺术效果，正是空白处理的魅力所在。

第五章

青花线描在小学课程中的实践

青花线描，这一蕴含着深厚文化底蕴的艺术形式，如今在小学的课程中绽放了新的生命。它不仅仅是一种技艺的传承，更是文化的接续，是历史的回响。当它与小学课程相融合时，便如同一股清泉注入了教育的田野，让孩子们在笔墨的流转中感受到了传统文化的独特魅力。

在这个快节奏的现代社会里，我们时常被各种新兴事物吸引，而青花线描这一传统艺术，却以其独有的静谧与深邃，让孩子们在繁杂的世界中找到了一片宁静之地。青花线描与小学课程的融合，不仅丰富了课程内容，更在孩子们心中播下了对传统文化的热爱与尊重的种子。

孩子们在课堂上挥舞着毛笔，笔尖跳动着历史的旋律，墨香中弥漫着文化的气息。他们在老师的引导下，一笔一画地描绘着青花的韵味，感受着线条的流畅与顿挫。这不仅是一次艺术的体验，更是一次心灵的洗礼。孩子们在创作中学会了耐心与细致，也学会了如何用心去感受生活中的美好。

而当学生作品得以展示时，那一刻的成就感与自豪感无疑是难以言表的。每一幅作品都承载着孩子们的心血与努力，也见证了他们的成长与进步。文创活动的开展，更是让孩子们的作品从课堂走向了更广阔的舞台，让更多的人领略到了青花线描的魅力。

接下来，我们将深入探讨青花线描与小学课程的融合之道，以及如何通过学生作品的展示与文创活动，让这一传统艺术在新时代焕发出新的光彩。让我们一同走进这个充满墨香与创意的世界，感受青花线描与小学教育相结合的无限可能。

青花线描，这一古老而深邃的艺术形式，在小学的课堂上重新焕发了生机。它不仅仅是一种绘画技巧的学习，更是一次对传统文化的深度体验。通过课程的融合与实践，我们期待着孩子们在青花线描的墨香中，找到对传统文化的热爱与传承的力量，让这份瑰宝在新时代继续闪耀其独有的光芒。我们将一同见证青花线描如何在小学课程中绽放其独特的魅力，以及孩子们如何在这一过程中收获成长与喜悦。

第一节　青花线描与课程内容的融合

青花线描与小学美术课程内容的融合，能够将这一传统艺术形式深入地融入造型、设计、欣赏与综合实践四大领域中，不仅丰富学生的艺术表现手法，提升他们的造型能力和审美水平，还能激发设计灵感，培养对传统文化的热爱与尊重。同时，通过欣赏与评述青花线描作品，提高学生的艺术鉴赏力和语言表达能力，最终在综合实践中鼓励学生创新，拓宽知识视野，实现跨学科学习，全面促进学生艺术素养和多元智能的发展，有效地传承和弘扬中华优秀传统文化。

一、造型·表现领域的融合

造型表现领域在小学美术课程中占据着举足轻重的地位，其核心目标是锤炼学生的造型能力和审美表现力。青花线描作为一种独特的艺术形式，其流畅的线条和生动的形象为学生提供了广阔的造型表现空间和丰富的灵感来源。

谈及线条美感的培养，青花线描的线条艺术可谓独树一帜。它通过粗细、长短、疏密的线条变化，展现出了千变万化的艺术效果。例如，在描绘山水时，青花线描可以利用细腻的线条勾勒出山峰的峻峭、流水的柔美；在刻画人物时，则能通过线条的流畅与顿挫，表现出人物的神态和情感。在美术课程中，教师可以通过展示青花线描的经典作品，引导学生深入观察、仔细分析，并尝试模仿其中的线条运用。通过这样的学习过程，学生不仅能够领略到青花线描的线条之美，还能在实践中逐步培养出对线条的敏锐感知和运用能力。

青花线描作品中的人物、花鸟、山水等形象，都是学生进行造型表现的极佳素材。这些形象不仅生动活泼，而且蕴含着丰富的文化内涵。教师可以通过引导学生对这些形象进行深入的提炼和加工，帮助学生创作出具有个人特色的造型作品。例如，在描绘青花线描中的人物形象时，教师可以指导学生先仔细观察人物的服饰、动作和表情，然后引导学生运用所学的线条技法进行表现。通过这样的练习，学生不仅能够提高自己的形象创作能力，还能更深入地理解青花线描的艺术魅力。

在美术课上，教师引入了青花线描这一艺术形式。在课程中，教师首先展示了一幅青花线描的山水画作品，让学生仔细观察并感受其中的线条美感。随后，教师引导学生运用青花线描的技法，自主创作一幅山水画。在创作过程中，学生们纷纷发挥想象力，运用各种线条表现出山峰的峻峭、流水的柔美以及云雾的飘渺。最终，学生们的作品不仅线条流畅、形象生动，而且各具特色，充分展现了他们的造型能力和审美表现力。

图 5-1　学生的青花线描艺术创作

二、设计·应用领域的融合

设计应用领域是小学美术课程中另一重要环节，它着重培养学生的设计意识和实践能力。青花线描的独特艺术风格和图案设计，无疑为学生提供了宝贵的设计元素和灵感源泉。

青花线描中的图案设计别具一格，既富有美感又充满文化内涵。这些图案不仅可以作为学生设计创作的优秀素材，还能激发他们的创新思维和设计灵感。例如，教师可以鼓励学生从青花线描的图案中提取元素，如莲花、蝙蝠、鱼等寓意吉祥的图案，然后运用到日常用品的设计中。无论是文具、服饰还是家居用品，都可以通过融入青花线描的元素，增添一份独特的艺术韵味和文化气息。

青花线描作为中国传统文化的重要组成部分，其图案设计背后蕴含着深厚的文化内涵。在美术课程中，教师可以通过引导学生深入了解和学习青花线描的图案设计，培养学生对传统文化的认识和尊重。通过将这些传统文化元素融入现代设计中，学生不仅能够提高自己的设计素养，还能更好地传承和弘扬中华传统文化。

在美术设计课上，教师要求学生以青花线描为灵感，设计一款具有中国传统文化特色的笔记本封面。在课程中，教师首先向学生介绍了青花线描的历史和文化背景，并展示了多种青花线描的图案设计。随后，学生们开始动手设计。他们纷纷从青花线描的图案中提取元素，如莲花、云纹等，巧妙地融入到笔记本封面的设计中。最终，学生们的作品不仅美观大方，而且充满了浓郁的中国传统文化气息。这样的课程设计不仅锻炼了学生的设计能力，还加深了他们对传统文化的理解和热爱。

三、欣赏·评述领域的融合

欣赏与评述是小学美术教育中至关重要的一个环节，它不仅能够帮助学生提升审美能力，还能培养他们的评述技巧，学会如何用语言表达自己对艺术作品的理解和感受。青花线描作品作为一种独特的艺术形式，具有深厚的艺术内涵和审美价值，是小学生进行欣赏和评述的优质素材。

　　教师可以通过精心挑选的青花线描经典作品，引导学生欣赏其独特的艺术风格。青花线描以其流畅而精致的线条，勾勒出了一幅幅生动而富有意境的画面。在这些画面中，既有山水、花鸟的细腻描绘，也有人物、场景的生动展现。每一笔、每一线都充满了艺术家的心血和情感，构成了青花线描独特的艺术魅力。在欣赏过程中，教师可以详细解读作品中的线条运用、色彩搭配以及构图技巧，帮助学生更深入地理解青花线描的艺术特色。

　　了解青花线描的历史背景和文化内涵也是欣赏过程中的重要一环，青花线描不仅仅是一种艺术形式，更是中国传统文化的重要载体。教师可以通过讲述青花线描的发展历程，以及在不同历史时期所承载的文化意义，帮助学生更全面地认识其艺术价值。这样，学生在欣赏作品时，不仅能够欣赏到其表面的美感，更能体会到其中蕴含的文化底蕴和历史厚重感。

　　在评述能力的培养方面，教师可以通过引导学生对青花线描作品进行深入的评述实践，提高他们的语言表达能力和艺术鉴赏能力。例如，教师可以让学生选择一幅自己喜欢的青花线描作品，然后运用所学的美术知识和语言表达技巧对作品进行详细的评述。在评述过程中，学生需要分析作品的线条运用、色彩搭配、构图技巧以及文化内涵等方面，并阐述自己对作品的独特见解和感受。通过这样的评述实践，学生不仅能够提升自己的语言表达能力，还能更深入地理解青花线描的艺术魅力。

　　在美术欣赏课上，教师展示了一幅明代青花瓷器上的线描图案。在引导学生欣赏时，教师首先介绍了青花瓷的历史背景和制作工艺，然后让学生仔细观察图案中的线条运用和色彩搭配。接着，教师邀请几位学生上台，用自己的语言对这幅作品进行评述。学生们纷纷举手发言，有的称赞其线条流畅、构图巧妙，有的则对其中的文化内涵表示赞赏。通过这样的课程设计，学生们不仅提升了审美能力，还锻炼了语言表达能力。

四、综合·探索领域的融合

　　在综合探索领域，青花线描为学生提供了一个广阔的艺术探索空间，有助于培养他们的综合实践能力和创新精神。

教师可以通过鼓励学生运用青花线描技法进行创作实践，培养他们的创新意识和实践能力。例如，教师可以设定一个主题，让学生运用青花线描的技法进行创作。在创作过程中，学生需要尝试不同的线条表现和形象创作，这不仅能够锻炼他们的动手能力，还能激发他们的创新思维。教师还可以引导学生将青花线描与其他艺术形式相结合，如水墨画、版画等，创作出具有独特风格的艺术作品。跨界的艺术尝试，不仅能够拓宽学生的艺术视野，还能培养他们的艺术创新精神。

青花线描作为中国传统文化的重要组成部分，与历史、文化等多个学科紧密相连。教师可以引导学生跨学科地探索青花线描的相关知识。例如，教师可以让学生研究青花线描的历史发展，了解其在中国艺术史上的地位和影响。教师还可以引导学生深入探讨青花线描的文化内涵，如其所蕴含的吉祥寓意、审美观念等。通过跨学科学习，学生不仅能够更全面地了解青花线描的艺术价值和文化意义，还能拓宽他们的知识视野，提高他们的综合素养。

在综合实践活动中，教师组织了一次以"青花线描与历史文化"为主题的探究活动。在活动中，学生们分组进行了青花线描的历史研究、文化内涵探讨以及与其他艺术形式的对比分析。通过查阅相关资料、观看纪录片、参观博物馆等方式，学生们对青花线描有了更深入的了解。在活动结束时，学生们以报告、展览等多种形式展示了他们的研究成果。

第二节　学生作品的展示与文创活动

在青花线描课程中，学生作品展示是激发学生学习热情和创造力的关键环节。这要求作品不仅展现独特创意，还要深刻体现青花线描的技艺与文化内涵。为了丰富学生的艺术体验和推广青花线描艺术，我们积极组织如主题画展、工作坊、创意设计大赛等多样化的文创活动，旨在通过实践与创新结合的方式，提升学生的艺术修养和团队协作能力，从而实现青花线描课程的全方位教学和文创活动的有机结合，共同促进学生发展。

一、学生作品展示的步骤与要求

青花线描课程中的学生作品展示环节，需要教师精心准备、布置场地并组织学生和家长参观。同时，作品需展现学生的独特创意，深刻反映青花线描的技艺与文化内涵，并关注细节表现力，以此激发学生的学习热情、创造力，提升自信心与表达能力，也让观众更好地领略青花线描的艺术魅力。

（一）作品展示的步骤

在青花线描作品展示中，教师需要精心准备，从筛选整理学生佳作、巧妙布置展示场地，到有序组织观众入场参观，每一步都需匠心独运，以确保作品以最佳状态呈现，使观众深刻感受到青花线描艺术的独特魅力，并激发学生的创造激情和艺术追求。

1. 准备阶段

在青花线描作品展示的准备阶段，教师需要细致入微地考虑和安排，确保每一个细节都得到妥善处理。首先，确定展示的时间是关键。教师需根据学校的教学安排、学生的课程进度以及可用场地的使用时间，综合决定最佳的作品展示时间。这样既可以确保学生有足够的时间完成作品，也能保证观众有足够的时间参观和欣赏。

确定地点也同样重要。教师需要选择一个空间足够、布局合理且便于观众流动的场地，以提供舒适的参观环境。场地的装饰和氛围也应与青花线描作品的主题和风格相协调，从而增强展示的整体效果。

在展示形式方面，教师可以根据学生的年龄和水平，选择适合的展示方式，如悬挂画框、摆放展板或使用多媒体投影等。不同的展示形式可以突出作品的不同特点，使观众能够更直观地感受到青花线描的魅力。

除了时间、地点和形式的确定外，准备阶段还包括对学生作品的筛选和整理。教师需要从众多作品中挑选出最具代表性和观赏性的作品进行展示。

在这一过程中，教师需要充分考虑学生的创意、技艺以及作品所体现的文化内涵，确保每一件展品都能让观众留下深刻印象。

教师还需要准备展示所需的材料和工具，如画框、展板、标签纸、笔等。这些材料和工具的选择应考虑到实用性和美观性，以确保展示的专业性和吸引力。

2. 布置展示场地

布置展示场地是青花线描作品展示中至关重要的一步，教师需要与相关人员紧密合作，确保场地的布置和设计能够充分展现学生作品的特点和魅力。

在悬挂作品时，教师需要根据学生的作品尺寸和风格，合理安排作品的排列和间距。还要考虑到观众的观赏角度和光线照射，以确保作品能够以最佳的状态呈现出来。为了达到这一效果，教师可以在布置过程中多次调整作品的位置和角度，直到找到最满意的展示效果。

除了作品的悬挂外，教师需要设置标签和说明。标签上应注明作品的名称、作者以及简短的创作说明，以便观众更好地理解和欣赏作品。教师还可以在场地内放置一些介绍青花线描历史和技艺的展板或海报，增加观众对青花线描的了解和兴趣。

在布置过程中，教师还可以考虑添加一些装饰元素和灯光效果，以增强场地的氛围和美感。例如，可以设置一些与青花线描主题相符的装饰品或背景板，以及使用柔和的灯光突出作品的细节和色彩。

3. 组织观众参观

组织观众参观是青花线描作品展示的最后一环，也是至关重要的一步。教师需要精心安排观众的入场和参观路线，确保每一位观众都能有序地欣赏到每一件作品。

在观众入场时，教师可以发放一些简短的介绍资料或小册子，帮助观众更好地了解青花线描的历史、技艺以及本次展示的主题和亮点。教师可以设置一些互动环节，如问答游戏、观众投票等，让观众更加深入地参与到展示中来。

在观众参观过程中，教师需要随时解答观众的问题并提供专业的指导。对于观众对作品的疑问或兴趣点，教师应耐心细致地给予解答和说明，让观众能够更深入地理解和感受学生的作品。教师可以鼓励观众与学生进行交流和互动，分享彼此的看法和感受，从而增强展示的趣味性和互动性。

为了让观众能够有更长时间的欣赏和体验，教师还可以考虑在展示结束后开放一段时间供观众自由参观和拍照留念。这样不仅可以满足观众的需求，也能进一步提升青花线描作品展示的知名度和影响力。

（二）作品展示要求

学生青花线描作品展示要求作品既展现个性和创意，又深刻反映青花线描的精湛技艺与丰富文化内涵，同时精雕细琢每一处细节，以强大的表现力传递作者的情感和思想，从而让观众深刻领略到青花线描艺术的独特魅力和学生的创造才华。

1. 作品要具有创意和独特性

在青花线描作品展示中，我们强调作品必须充满创意与独特性。这不仅仅是因为青花线描课程旨在鼓励学生自由发挥想象力和创造力，更是因为这样的要求能够激发学生的创新思维和艺术潜能。我们希望每一位学生都能在创作中发出自己的声音。通过线条与色彩的组合，讲述属于自己的故事，展现独特的艺术风格。

为了培养学生的创意和独特性，教师在教学过程中会引导学生观察生活、提炼自然，从平凡的事物中发现不平凡的美。鼓励学生大胆尝试不同的构图、色彩搭配和线条表现方式，打破传统束缚，创造出真正属于自己的艺术作品。

在作品展示中，每一件作品都凝聚了学生的心血和智慧，都体现了他们对艺术的独到见解和无限热爱。观众通过这些充满创意和独特性的作品，能够深刻感受到学生们的艺术才华和无尽的创造力，从而为他们鼓掌、喝彩。

2. 作品要体现青花线描的技艺和文化内涵

青花线描承载着丰富的技艺和文化内涵。在学生青花线描作品展示中，我们要求学生作品能够深刻体现这一艺术形式的精髓。这不仅仅是对技艺的展示，更是对传统文化的传承与弘扬。

青花线描的技艺包括线条的运用、色彩的搭配以及构图的巧妙等方面。学生在创作过程中，需要熟练掌握这些技艺，并将其融入到自己的作品中。他们还需要深入了解青花线描的历史文化背景，理解其在中国艺术史上的重要地位，以及它所蕴含的美学思想和人文精神。

通过展示体现青花线描技艺和文化内涵的作品，我们希望能够引导观众走进这一传统艺术形式，感受其深厚的文化底蕴和艺术魅力。也希望通过这样的方式，激励更多的年轻人去学习和传承青花线描这一非物质文化遗产，让它在新的时代里焕发出更加绚丽的光彩。

3.作品要注重细节和表现力

在青花线描作品展示中，对作品细节的关注和对表现力的追求是至关重要的。细节是作品的灵魂，它能够让观众更加深入地理解和感受学生的创作思路和过程。表现力则是作品传达情感和思想的关键，它能够让观众产生共鸣，进一步体会作品的内涵。

为了提升作品的细节和表现力，我们要求学生在创作过程中注重每一笔、每一划的精准和生动。无论是线条的粗细、曲直，还是色彩的浓淡、冷暖，都需要学生精心设计和反复推敲。通过这样的训练，学生不仅能够提升技艺水平，还能够培养对艺术的敬畏之心和对美的敏锐感知。

在作品展示中，我们期待看到学生的作品在细节上精益求精，在表现力上生动感人。这样的作品不仅能够让观众流连忘返、回味无穷，还能够进一步推动青花线描艺术的传承与发展。我们希望每一位学生都能够成为这一传统艺术形式的传承者和创新者，为青花线描注入新的活力和时代气息。

二、文创活动组织开展

通过组织青花线描主题画展、工作坊、创意设计大赛等多样化的文创活动，我们旨在激发学生的创造力和艺术潜能，培养他们的团队协作和实践能力，更好地推广青花线描艺术。同时，活动结束后会及时总结反馈并改进，以不断丰富学生的艺术体验并提升活动质量。

（一）文创活动类型

通过青花线描主题画展展示学生作品、工作坊亲身体验绘制过程，以及创意设计大赛激发学生创造力，我们全方位、多角度地推广了青花线描艺术，同时提升了学生的艺术素养和实践能力，为他们的全面发展和艺术追求提供了丰富的平台和机会。

1.青花线描主题画展

青花线描主题画展是一项专为展示学生青花线描作品而举办的活动。通过组织学生创作青花线描作品，并进行集中展示。这一活动形式为学生们提供了一个展现才华的舞台，也让观众有机会近距离欣赏到这一传统艺术形式的魅力。

在青花线描主题画展的筹备过程中，我们鼓励学生自由发挥，创作出自己心目中的青花线描作品。这不仅是对学生艺术才华的一次全面展示，更是对他们自信心和表达能力的一次锻炼。通过创作，学生们可以深入了解到青花线描的绘制技巧和艺术风格，同时也能够感受到传统艺术的深厚底蕴。

在画展的布置上，我们注重营造一种艺术氛围，让观众能够沉浸在青花线描的艺术世界中。画展的每一幅作品都凝聚了学生的心血和智慧，它们以独特的艺术语言向观众诉说着青花线描的故事。通过这些作品，观众们不仅能够领略到青花线描的独特魅力，还能够感受到学生们对艺术的热爱和追求。

青花线描主题画展还为学生们提供了一个互动交流的平台。在画展期间，学生们可以与其他参展者交流创作心得，分享彼此的艺术见解。互动交流不仅能够拓宽学生的视野，还能够激发他们的创作灵感，为他们的艺术之路注入新的活力。

通过青花线描主题画展的举办，我们希望能够让更多的人了解和欣赏到青花线描这一传统艺术形式，同时也为学生们提供一个展现自我、提升自我的机会。

2.青花线描工作坊

青花线描工作坊是一项富有实践性和互动性的文创活动。在这个工作坊中，我们邀请专业的艺术家和教师，为学生提供一次亲身参与青花线描绘制的机会。通过这一活动，学生们能够深入了解青花线描的绘制技巧和流程，感受传统艺术的独特魅力。

在工作坊的活动中，专业的艺术家和教师会向学生介绍青花线描的历史背景、艺术风格和绘制技巧。他们不仅分享自己的艺术见解和经验，还会手把手地指导学生进行实践操作。学生们在艺术家的指导下，可以亲手绘制出属于自己的青花线描作品，体验艺术创作的喜悦和成就感。

青花线描工作坊的开设，不仅提高了学生的实践能力，还培养了他们的耐心和专注力。在绘制过程中，学生们需要细心地描绘每一个线条和细节，这需要极高的耐心和专注力。通过不断的练习和尝试，学生们能够逐渐掌握绘制技巧，提高自己的艺术水平。

青花线描工作坊还为学生们提供了一个互动交流的平台。在这里，学生们可以与其他参与者分享自己的作品和创作心得，互相学习和借鉴。

通过青花线描工作坊的举办，我们希望能够让更多的学生了解和喜爱青花线描这一传统艺术形式，同时也为他们的全面发展提供有力的支持。

3.青花线描创意设计大赛

青花线描创意设计大赛是一项旨在激发学生创造力和想象力的文创活动。通过鼓励学生发挥想象力和创造力，设计出具有独特性和实用性的青花线描作品。这一活动形式不仅展现了青花线描艺术的魅力，还培养了学生的创新意识和设计能力。

在大赛的筹备过程中，我们鼓励学生自由发挥，创作出别具一格的青花线描作品。无论是传统的青花瓷器，还是现代的青花线描装饰品，都可以成为学生们的创作对象。通过创意设计，学生们可以将青花线描与现代审美相结合，打造出独具特色的艺术作品。

在大赛的评比环节，我们注重作品的创意性、实用性和艺术性。评委们会根据作品的独特创意、实用价值和艺术表现力等方面进行综合评价，选出优秀的作品进行展示和表彰。这不仅是对学生创意和设计能力的一次肯定，更是对他们创新意识和艺术追求的一次鼓励。

通过参与青花线描创意设计大赛，学生们不仅能够锻炼自己的创造力和想象力，还能够提高自己的设计能力和审美水平。这一活动也为学生们提供了一个展示自我、实现自我价值的平台。

青花线描创意设计大赛的举办，旨在激发学生的创新意识和设计能力，推动青花线描艺术的传承与发展。我们相信，通过这一活动的举办，会有更多的学生了解和喜爱青花线描艺术，为传统艺术的传承与创新贡献自己的力量。

（二）文创活动的组织

通过明确活动目标与宗旨、精心制订计划与方案、全面宣传推广并招募参与者，以及活动后进行总结反馈和持续改进，我们成功地组织了一系列富有创意和影响力的文创活动，为学生的艺术教育和全面发展提供了丰富的机会与平台。

1. 确定活动目标和宗旨

在组织文创活动时，明确活动的目标和宗旨是至关重要的。这不仅为整个活动提供了明确的方向，还确保了活动的每一个细节都紧密围绕着核心意义展开。我们深知，一个成功的文创活动，绝不仅仅是简单的娱乐或消遣，更是承载着教育、文化传承和艺术推广的重要使命。

在确定活动目标和宗旨的过程中，我们充分考虑了学生的年龄特点和认知水平。针对不同年龄段的学生，我们设定了不同层次的目标，确保活动能够真正符合他们的实际需求和发展水平。例如，对于小学生，我们更注重活动的趣味性和互动性，以激发他们的兴趣和好奇心；而对于中学生，我们则更加注重活动的深度和思考性，以培养他们的创新思维和艺术鉴赏能力。

我们也意识到，活动的宗旨必须与时俱进，紧密结合当前的教育理念和艺术发展趋势。因此，在确定宗旨时，我们深入研究了当前的艺术教育现状和学生的实际需求，力求打造出一个既具有传统文化底蕴，又充满现代创意的文创活动。

2. 制订活动计划和方案

制订详细的活动计划和方案是确保文创活动顺利进行并取得预期效果的关键。在计划阶段，我们根据活动的目标和宗旨，精心设计了每一个环节，从活动的时间、地点、参与人员到具体的实施步骤，都经过了周密的考虑和安排。

为了确保活动的安全性和可行性，我们对活动场地进行了实地考察，对可能存在的安全隐患进行了全面排查。我们还制定了详细的应急预案，以应对可能出现的突发情况。在人员配置方面，我们充分考虑了每个人的特长和优势，进行了合理的分工和协作，确保活动的每一个环节都能得到高效、专业的执行。

我们还特别注重活动的创新性和互动性。通过引入新颖、有趣的活动形式和内容，希望能够激发学生的学习兴趣和创造力，让他们在参与活动的过程中，不仅能够感受到艺术的魅力，还能够真正融入到艺术的世界中。

3. 宣传推广和招募参与者

宣传推广对于文创活动的成功而言，是一个不可或缺的环节。为了让更多的学生和家长深入了解并关注活动，我们采用了多元化的宣传手段，力求将活动的信息传播到每一个角落。

我们充分利用了校园广播这一媒介，在课间和午休时段，通过广播向全校师生播报活动的相关信息，包括活动的主题、时间、地点等关键内容。播报员用富有激情和感染力的语言，描述了活动的亮点和特色，以及参与活动可能带来的收获和乐趣。宣传方式覆盖面广，且能迅速抓住听众的注意力，有效地提高了活动的知名度。

除了校园广播外，我们还精心设计了海报，张贴在学校的各个显眼位置。在海报上，我们用醒目的字体和吸引人的图片，展示了活动的核心信息和视觉冲击力。每一张海报都是一个小小的艺术品，既传达了活动的信息，又给人以美的享受。学生们在课间休息时，常常会被这些海报所吸引，驻足观看，进而对活动产生兴趣。

我们也积极利用社交媒体进行线上宣传。通过学校的微信公众号、QQ群等渠道，发布了活动的详细介绍和精彩预告。线上宣传方式突破了时间和空间的限制，让更多的家长和校外人士也能了解到我们的活动。

在招募志愿者或工作人员方面，我们同样下足了功夫。我们发布了招募信息，明确了志愿者和工作人员的职责和要求。通过组织面试和培训，筛选出了一批热心、有责任心且具备一定组织和执行能力的志愿者和工作人员。他们的加入，不仅为活动的顺利进行提供了人力保障，还为团队注入了新的活力和创新思维。

在招募参与者的过程中，我们特别注重与学生的互动和沟通。我们设置了咨询台，随时解答学生们关于活动的疑问。还通过分享活动的精彩瞬间和往期活动的回顾，来激发学生们的参与热情。我们深知，只有让学生们真正感受到活动的魅力和价值，才能吸引他们积极参与。

4. 总结反馈和改进完善

活动结束后的总结反馈和改进完善工作，对于提升活动质量和效果具有至关重要的意义。我们对此给予了高度的重视，并投入了大量的时间和精力来进行这项工作。

在总结反馈阶段，我们对活动的组织、实施和效果进行了全面而深入的评估。我们收集了参与者的意见和建议，了解了他们对活动的看法和感受。我们还对活动的影响力、参与度、满意度等方面进行了量化分析，以更直观地展示活动的价值和意义。

通过这些反馈和分析，我们发现了活动中存在的问题和不足。例如，在活动流程的安排上，发现某些环节过于紧凑，导致参与者没有足够的时间去体验和感受；在活动内容的设置上，也发现了一些与主题不够契合或者缺乏创新性的地方。

针对这些问题和不足，我们及时进行了改进和完善。我们对活动流程进行了优化，调整了各个环节的时间和顺序，以确保参与者有足够的时间去体验和感受每一个环节。我们也丰富了活动内容，增加了与主题更加契合且具有创新性的元素。这些改进不仅提高了活动的质量和效率，还为今后的活动提供了宝贵的经验和借鉴。

我们还对在活动中表现突出的个人和团队进行了表彰和奖励，这不仅是对他们辛勤付出的肯定和鼓励，也是为了激励更多的人积极参与到文创活动中来，为活动的成功贡献自己的力量。

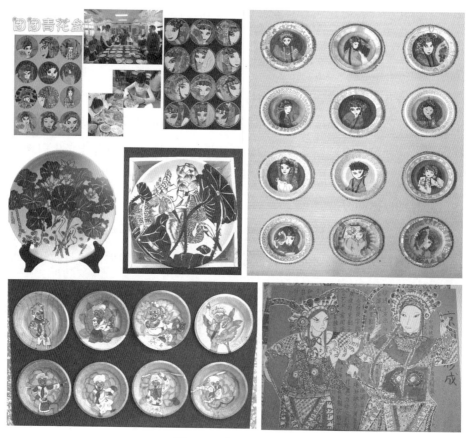

图 5-2　学生作品赏析

第六章

青花线描创新教学方法的探索

在青花线描艺术的广阔天地中，创新教学方法的探索如同璀璨的星辰，为艺术的传承与发展照亮了前行的道路。我们深知，传统的教学方式固然重要，但若要青花线描艺术在当代焕发新的生机，就必须敢于突破常规，勇于探索创新。

青花线描，这一蕴含着深厚历史底蕴的艺术形式，如何在新的时代背景下焕发新的光彩？这需要我们以全新的视角去审视，以创新的思维去设计。在青花线描创新教学方法的探索中，我们将主题表现的创意课程设计作为切入点，通过设定丰富多彩的主题，引导学生用线条去描绘世界，用心灵去感受艺术。课程设计不仅激发了学生的创造力，更让他们在艺术的海洋中自由遨游，寻找属于自己的独特语言。

艺术的魅力在于其包容性和多元性，青花线描亦是如此。我们尝试将青花线描与其他学科进行有机融合，让学生在探索不同领域的过程中，发现线描艺术的无限可能。跨学科的融合实践与探索丰富了青花线描的表现形式，也为学生打开了一扇通向更广阔世界的大门。

科技的力量正在改变着我们的生活，也为青花线描的教学带来了新的机遇。利用现代科技手段，我们可以让学生在虚拟的环境中体验线描艺术的魅力。通过数字化工具进行创作，感受科技与艺术的完美结合，如此不仅提高了教学效率，还让学生在互动中感受到艺术的乐趣。

我们还在青花线描的配方课程中进行了开发与应用的探索。通过精心设计的配方课程，我们引导学生掌握线描的基本技巧，并在此基础上进行个性化的创作，这一教学方式既培养了学生的实践能力，又让他们在创作过程中体会到了成功的喜悦。

青花线描创新教学方法的探索，是一场关于艺术与教育的美妙旅程。在这条道路上，我们不断尝试、不断创新，只为让青花线描这一古老的艺术形式在新的时代背景下焕发出更加璀璨的光芒。我们相信，通过这些创新的教学方法，学生将能够在艺术的道路上走得更远、更稳，创造出更多属于他们自己的辉煌。

让我们携手共进，以开放的心态和无限的热情，共同探索青花线描创新教学方法的奇妙世界。在这场艺术的盛宴中，我们将不断追求卓越，挑战自我，让创新的火花在青花线描的教学中绽放，照亮学生前行的道路，引领他们走向更加美好的未来。

第一节　青花线描主题表现的创意课程设计

青花线描创意课程以古典诗词的深邃意境、文学名著的鲜活人物、传统节日的文化韵味、历史故事的智慧启示、国际文化的多元交融、自然风景的灵动韵律、日常生活的点滴美好、人物的丰富情感以及动物的可爱灵动为主题，通过细腻的线条和鲜明的色彩对比，引导学生深入探索不同领域的美，激发他们的创意思维和艺术表现力，不仅培养了学生的审美情趣，还拓宽了他们的文化视野，让美术课堂更加丰富多彩。

一、古典诗意——诗词主题的青花线描

古典诗词是中华民族的文化瑰宝，蕴含着深厚的情感和哲理。通过青花

线描的手法来表现这些诗词的意境，不仅可以锻炼学生的艺术技巧，还能深化他们对传统文化的理解和感悟。

在"古典诗意"这一主题的青花线描课程中，教师首先要做的是精心选取那些广为流传、意境深远的古典诗词。例如，李白的《静夜思》就是一首脍炙人口的佳作。"床前明月光，疑是地上霜。举头望明月，低头思故乡。"这寥寥数语，便勾勒出了一个游子在静夜中思念故乡的深情画面。

在引导学生进行青花线描创作时，教师可以先让学生闭上眼睛，想象自己就是那位游子，站在床前，抬头望着皎洁的月光，心中涌起对故乡的无限思念。然后，让学生用青花线描的手法来表现这个场景。在画纸上，学生可以用细腻的线条勾勒出床前的轮廓，用浅淡的青色描绘出月光的清冷和孤寂。床前的地面上，可以用稍深的青色轻轻勾画出仿佛地上的霜，增添一种凄清的美感。而游子的形象，则可以通过简单的几笔来勾勒，重点在于表现其仰望明月的神态和对故乡的深深眷恋。

除了《静夜思》外，王之涣的《登鹳雀楼》也是一首意境深远的古典诗词。"白日依山尽，黄河入海流。欲穷千里目，更上一层楼"，描绘了一幅壮阔的山河画卷。在进行青花线描创作时，教师可以引导学生想象自己站在高高的鹳雀楼上，远眺黄河如带，群山连绵。然后，让学生用青花线描的手法来表现这个场景。在画纸上，学生可以用粗犷的线条勾勒出远山的轮廓，用深青色填充山体的阴影部分，以突出其雄伟的气势。黄河则可以用流畅的线条来描绘，表现出其奔腾入海的壮阔景象。而鹳雀楼和人物的形象，则可以通过简单的几笔来勾勒，与壮丽的山河形成鲜明的对比。

在青花线描的创作过程中，教师还可以鼓励学生发挥自己的想象力，对诗词的意境进行个性化的解读和表现。例如，有的学生可能会将《静夜思》中的游子形象画得更加具体生动，有的学生则可能会将《登鹳雀楼》中的山河画卷描绘得更加细腻入微。无论学生如何表现，教师都应该给予充分的肯定和鼓励，以激发学生的创作热情和自信心。

通过这样的青花线描课程，学生不仅可以提升自己的绘画技巧和艺术表现力，还能更加深入地理解和感悟古典诗词的意境和情感。这也是一种对传统文化的传承和弘扬，让学生在艺术的熏陶中增强对民族文化的认同感和自豪感。

二、文学重现——名著主题的青花线描

名著作为人类文学的瑰宝，承载着丰富的历史、文化和艺术价值。通过青花线描的方式重现名著中的场景或人物，不仅可以锻炼学生的绘画技巧，还能加深他们对名著的理解和感悟。

在"文学重现"这一主题的青花线描课程中，教师首先要精选适合的名著片段或人物作为创作素材。以《红楼梦》中的林黛玉为例，她不仅美丽聪慧，而且多愁善感，是文学史上一个经典的女性形象。为了让学生通过青花线描更好地表现林黛玉的特点，教师可以先让学生仔细阅读《红楼梦》中关于林黛玉的描写，了解她的性格、情感和生平事迹。

在引导学生进行青花线描创作时，教师可以让学生想象自己就是那位多愁善感的林黛玉，身处大观园中，感受着周围的悲欢离合。然后，让学生用青花线描的手法来表现林黛玉的形象。在画纸上，学生可以用细腻的线条勾勒出林黛玉的轮廓，尤其要注重表现她那双含情脉脉的眼睛和微微蹙起的眉头，以突出她的多愁善感。她的衣裙则可以用流畅的线条来描绘，注重表现其轻盈飘逸的特点。为了更好地表现林黛玉的内心世界，教师还可以鼓励学生通过添加背景元素来营造一种凄美、哀怨的氛围，如凋零的落花、孤独的月亮等。

除了《红楼梦》中的林黛玉外，《西游记》中的孙悟空也是另一个经典的名著人物。他机智勇敢、敢爱敢恨的性格特点深受读者喜爱。在进行青花线描创作时，教师可以引导学生想象自己就是那位神通广大的孙悟空，手持金箍棒，脚踏筋斗云，在取经路上斩妖除魔。然后，让学生用青花线描的手法来表现孙悟空的形象。在画纸上，学生可以用粗犷的线条勾勒出孙悟空的轮廓和动态姿势，尤其要注重表现他那双炯炯有神的眼睛和威风凛凛的气势，他的衣物和装备则可以用简洁的线条来描绘出其特征和质感。

在青花线描的创作过程中，教师还可以鼓励学生发挥自己的想象力，对名著人物进行个性化的解读和重塑。例如，有的学生可能会将林黛玉画得更加柔美温婉，而有的学生则可能会将孙悟空描绘得更加英勇无畏。无论学生如何表现，教师都应该尊重他们的创意并给予积极的反馈和指导。

通过这样的青花线描课程，学生不仅可以锻炼自己的绘画技巧和表现力，还能更加深入地理解和感悟名著中的人物形象和故事情节，提升自己的文学素养和审美能力。这也是一种对传统文化的传承方式，让学生在艺术的实践中增强对经典文学作品的热爱和敬仰之情。教师还可以引导学生通过小组合作的方式共同完成一幅大型青花线描作品，让学生在互相协作中增进友谊、提升团队协作能力。

三、传统韵味——节日主题的青花线描

中国传统节日是中华民族悠久历史文化的重要组成部分，每个节日都蕴含着深厚的文化底蕴和丰富的民俗活动。通过青花线描的方式表现这些节日元素，不仅可以锻炼学生的绘画技巧，还能加深他们对传统节日文化的理解和感受。

在春节来临之际，教师可以引导学生了解春节的文化内涵和民俗活动，如守岁、拜年、贴春联、放鞭炮等。然后，让学生用青花线描的手法来表现春节的元素。例如，学生可以画出一串串火红的鞭炮，用细腻的线条勾勒出鞭炮的形状，再用青色轻轻填充，形成鲜明的对比。教师还可以引导学生画出春节家家户户门上的对联，用青花线描勾勒出对联的轮廓，再让学生想象并描绘出对联上的字迹，这样不仅可以锻炼学生的绘画技巧，还能让他们更加深入地了解春节的传统文化。

端午节是另一个具有丰富文化内涵的传统节日。教师可以先让学生了解端午节的由来和习俗，如赛龙舟、吃粽子等。然后，引导学生用青花线描的方式描绘端午节的元素。例如，学生可以画出一艘艘竞渡的龙舟，用粗犷的线条勾勒出龙舟的轮廓和动态姿势，表现出龙舟竞渡的激烈场面。教师还可

以鼓励学生画出端午节的粽子，用青花线描的手法表现出粽子的形状和包裹的细腻纹理，让学生更加深入地感受端午节的传统文化和美食。

在青花线描的创作过程中，教师可以鼓励学生发挥自己的想象力，对节日元素进行个性化的解读和表现。例如，有的学生可能会将鞭炮画得更加绚丽多彩，有的学生则可能会将龙舟描绘得更加生动逼真。无论学生如何表现，教师都应该给予充分的肯定和鼓励，以激发学生的创作热情和自信心。

教师还可以组织学生进行青花线描作品的展示和交流活动，让学生互相欣赏和学习彼此的作品。通过这样的活动，不仅可以增强学生的自信心和表达能力，还能促进班级文化的建设和学生之间的交流合作。

通过这样的青花线描课程，学生不仅可以锻炼自己的绘画技巧和表现力，还能更加深入地理解和感受中国传统节日的文化内涵和韵味。这也是一种对传统文化的传承方式，让学生在艺术的实践中增强对民族文化的认同感和自豪感。

四、历史回响——历史故事的青花线描

青花线描不仅是一种艺术表现形式，更是一种承载历史文化的重要载体。在传统历史故事主题的青花线描课程中，教师可以通过引导学生了解历史故事，并用青花线描的方式表现历史人物和故事情节，从而让学生更加深入地理解历史文化，并培养他们的历史文化素养。

以"岳母刺字"为例，这是一个充满教育意义的历史故事。在课程中，教师可以先向学生讲述岳飞精忠报国的故事，特别强调岳母在岳飞背上刺下"精忠报国"四个大字的情节。在讲述过程中，教师可以通过多媒体展示相关历史图片或视频，让学生更加直观地了解历史背景和人物形象。

接下来，教师可以引导学生进行青花线描的创作。先让学生想象并描绘出岳飞的形象，注重表现他的英勇和坚定。教师还可以鼓励学生发挥想象力，用青花线描的方式描绘出岳母刺字的场景，如岳母的神情、动作以及"精忠报国"四个大字在岳飞背上的呈现。

在创作过程中，教师可以提供必要的指导和帮助，鼓励学生用线条和色彩来表现历史人物的英勇和智慧。例如，可以用粗犷有力的线条来勾勒岳飞的形象，以突出他的英勇气质；用细腻的笔触来描绘岳母的神情和动作，以展现她的坚毅和期望。

完成作品后，教师可以组织学生进行展示和交流。通过互相欣赏和评价彼此的作品，学生可以进一步加深对历史故事的理解，并从中汲取智慧和力量。

除了"岳母刺字"外，"三顾茅庐"也是另一个具有教育意义的历史故事。教师可以通过类似的教学方式引导学生了解刘备三次请诸葛亮出山辅佐自己的故事情节，并让学生用青花线描的方式表现出这一历史场景。

通过这样的青花线描课程，学生不仅可以提升自己的绘画技巧和表现力，还能更加深入地了解历史故事和人物形象。这也是一种对传统文化的传承方式，让学生在艺术的实践中增强对历史文化的热爱和敬仰之情。更重要的是，这样的课程能够培养学生的历史文化素养，让他们学会从历史中汲取智慧和力量，为未来的发展打下坚实的基础。

五、世界交融——国际主题的青花线描

在当今全球化的时代，了解和欣赏不同国家的文化特色显得尤为重要。通过青花线描这一艺术形式，我们可以引导学生关注并展现不同国家的标志性建筑和文化元素，从而培养他们的全球视野和跨文化交流能力。

以法国的凯旋门为例，这是一座雄伟壮观的建筑，象征着法国的荣耀和历史。在课程中，教师可以先向学生介绍凯旋门的历史背景和设计理念，让他们了解这座建筑在法国文化和历史中的重要地位。接着，教师可以引导学生进行青花线描的创作，用精致的线条勾勒出凯旋门的轮廓和细节。在创作过程中，教师可以指导学生注意观察建筑的比例和结构，以及门上的浮雕和装饰，用青花线描的技法表现出这些细节的精致和美感。

除了法国的凯旋门，意大利的比萨斜塔也是另一个极具特色的国际文化元素。比萨斜塔因其独特的斜度和悠久的历史而闻名于世。在课程中，教师

可以引导学生了解比萨斜塔的历史和建筑特色，并让他们用青花线描的方式描绘出这座独特的建筑。在描绘过程中，教师可以指导学生注意斜塔的倾斜角度和建筑结构，以及塔身的砖石纹理和细节，用青花线描的技法表现出比萨斜塔的古老和神秘。

通过这样的课程，学生不仅可以提升自己的绘画技巧和表现力，还能更加深入地了解不同国家的文化特色和历史背景。这也是一种对不同文化的尊重和传承，让学生在艺术的实践中培养全球视野和跨文化交流的能力。

为了让学生更好地理解和表现这些国际文化元素，教师可以设计一些互动和讨论环节。例如，可以让学生分组进行研究和讨论，每组选择一个国家进行深入研究，并准备展示和交流。通过这样的活动，学生可以更加主动地参与到学习中，提高他们的自主学习和合作学习能力。

教师还可以鼓励学生在创作过程中发挥想象力和创造力，尝试将不同国家的文化元素进行融合和创新。例如，学生可以尝试将法国的凯旋门和意大利的比萨斜塔进行巧妙的组合和创新，创作出独具特色的青花线描作品。这样的尝试不仅可以锻炼学生的想象力和创造力，还能让他们更加深入地理解不同文化之间的共性与差异。

通过这样的青花线描课程，我们可以引导学生关注不同国家的文化特色，培养他们的全球视野和跨文化交流能力。这也是一种极富创造性和趣味性的学习方式，让学生在艺术的实践中提升自己的综合素养和能力。

在青花线描的艺术世界中，我们不仅可以引导学生了解和表现中国的传统文化，还可以拓展到国际文化领域，让学生用艺术的眼光去审视和理解这个世界的多元和丰富多彩。

六、自然之美——自然主题的青花线描

大自然是一个充满韵律和美感的神奇宝库，它为我们提供了无尽的创作灵感。通过青花线描来描绘自然风景，可以让学生更加深入地感受大自然的美丽与和谐，同时也能够锻炼他们的观察力和表现力。

在课程中，教师可以带领学生走进大自然，实地观察山水、花鸟等自然景观。在观察过程中，教师要引导学生细致入微地观察自然景观的形态、色彩和光影变化，感受大自然的生动与和谐。

接下来，教师可以让学生进行青花线描的创作。在创作过程中，教师要指导学生运用线条的流畅与顿挫、色彩的冷暖对比来表现自然的生动与和谐。例如，在描绘山峰时，可以用粗犷有力的线条勾勒山体的轮廓，表现出山峰的雄伟与险峻；在描绘流水时，可以用柔和流畅的线条表现水流的动态和韵律感。教师可以鼓励学生发挥想象力，在作品中融入自己的情感和感受，让作品更加富有感染力和个性特色。

为了让学生更好地掌握青花线描的技法，教师可以进行示范教学，向学生展示如何用青花线描表现出自然风景的特点和美感。教师还可以提供一些优秀的青花线描作品供学生参考和学习，激发他们的创作灵感和热情。

完成作品后，教师可以组织学生进行展示和交流活动。通过互相欣赏和评价彼此的作品，学生可以进一步加深对自然美的理解和感悟，并从中汲取创作的经验和教训。这也是一种对学生创作成果的肯定和鼓励，能够激发他们的自信心和创作动力。

通过这样的青花线描课程，学生不仅可以提升自己的绘画技巧和表现力，还能培养对大自然的热爱和敬畏之情。更重要的是，他们能够在艺术的实践中学会观察、思考和表达，提高自己的审美能力和综合素养。

七、生活发现——生活主题的青花线描

在日常生活中，我们往往容易忽视那些平凡而普通的小物件，如茶杯、书本、花瓶等。然而，正是这些看似微不足道的物品，构成了我们生活的点滴细节。通过青花线描的艺术形式，我们可以引导学生重新审视这些日常小物，发现它们蕴藏的美感，培养学生对生活的热爱和细致的观察力。

在课程开始时，教师可以先向学生展示一些青花线描的日常生活物品作品，让学生感受到平凡物品在艺术家笔下焕发出的独特魅力。接着，教师可

以引导学生回到家中或教室里，寻找那些常被我们忽视的日常小物，如桌上的茶杯、书架上的书本、窗台上的花瓶等。

选择好要描绘的物品后，教师可以指导学生进行细致的观察。观察物品的形状、轮廓、质感和光影效果等，并用青花线描的方式将其记录下来。在这个过程中，教师要鼓励学生用细腻的线条和色彩来表现物品的质感和光影效果，使画面更加生动逼真。

为了让学生更好地掌握青花线描的技法，教师可以进行示范教学。在示范过程中，教师可以详细讲解如何运用不同的线条和色彩来表现物品的立体感和空间感，如何捕捉物品的细节特征，以及如何运用青花颜料的特性来营造出独特的艺术效果。

学生完成作品后，教师可以组织一次作品展示和交流活动。让学生将自己的作品展示出来，并与其他同学分享创作过程中的心得和体会。通过互相欣赏和评价彼此的作品，学生可以从中汲取灵感和经验，提升自己的绘画技巧和审美能力。

通过这样的青花线描日常生活主题课程，学生不仅可以提升自己的观察力和表现力，还能培养对生活的热爱和关注。他们会发现，原来生活中有那么多被我们忽视的美丽和细节，只要我们用心去观察，就能发现生活中的无限美好。

八、人物传情——人物主题的青花线描

人物画一直是绘画中的重要类别。通过线条和色彩，绘制者能够生动地表现人物的性格、情感和故事。青花线描作为一种独特的艺术形式，同样可以用于人物画的创作，以其细腻的线条和淡雅的色调，传递出人物的内心世界和情感状态。

在课程开始时，教师可以向学生介绍青花线描在人物画中的应用，并展示一些经典的人物青花线描作品。通过欣赏和分析这些作品，学生可以初步了解如何用青花线描表现人物的特点和情感。让学生研究不同情感状态下的人物

表情和肢体语言，如何通过青花线描精确地传达出这些情感。例如，喜悦、忧伤、愤怒或惊讶等情感在人物的面部表情和身体姿态上会有怎样的体现。

接下来，教师可以让学生选择自己感兴趣的人物或角色进行创作，如历史人物、文学作品中的人物或者现实生活中的亲朋好友。在选择人物时，教师要鼓励学生挖掘人物背后的故事和情感，为后续的创作奠定基础。

在创作过程中，教师要注重指导学生运用线条的表现力和色彩的渲染效果。通过细腻的线条，可以刻画出人物的面部表情、服饰纹理等细节特征，使人物形象更加鲜活；而色彩的渲染则可以营造出特定的氛围和情感基调，增强画面的感染力。

为了让学生更好地掌握人物青花线描的技法，教师可以进行示范教学。在示范过程中，教师可以详细讲解如何捕捉人物的神态和情感，如何运用线条和色彩来塑造人物形象，并分享一些实用的绘画技巧和心得。

学生完成作品后，教师可以组织一次作品展示和点评活动，让学生将自己的作品展示出来，并与其他同学分享创作过程中的经验和感受。通过互相欣赏和评价彼此的作品，学生可以从中汲取灵感和教训，提升自己的绘画技巧和审美能力。

通过这样的青花线描人物画课程，学生不仅可以锻炼自己的绘画技巧和表现力，还能学会如何用艺术的方式去理解和表达人性与情感。

九、生灵之趣——动物主题的青花线描

动物是大自然中不可或缺的一部分，它们与人类共同构成了丰富多彩的生物世界。在青花线描的艺术领域中，动物形象同样可以展现出别样的魅力。通过细腻的线条和淡雅的色调，我们可以将动物的灵动与可爱表现得淋漓尽致。

在课程开始之前，教师可以先让学生通过图片、视频或实地考察等方式，观察并了解所要描绘的动物。猫儿的慵懒、狗儿的忠诚、鸟儿的轻盈……每一种动物都有其独特的动态和神态。这些细微的差别，正是青花线

描创作中需要捕捉和表现的。

当学生对所要描绘的动物有了足够的了解后，教师可以引导他们开始青花线描的创作。在这个过程中，教师要鼓励学生用线条和色彩去捕捉动物的生动瞬间。例如，猫儿蜷缩成一团时的柔软与安逸，狗儿摇摆尾巴时的欢快与期待，鸟儿展翅飞翔时的自由与轻盈……这些都可以通过青花线描得到生动的表现。

在创作过程中，教师可以向学生介绍一些青花线描的技法。例如，怎样运用不同的线条表现动物的毛发和纹理，如何运用色彩的深浅和冷暖来表现动物的光影和立体感。这些技法的运用，可以使作品更加生动逼真，让人仿佛能够感受到动物的呼吸和温度。

除了绘画技法的传授外，教师可以借此机会引导学生关注生态保护问题。在创作过程中，教师可以向学生介绍一些濒危动物的情况，让他们了解到人类活动对动物生存环境的影响。教师还可以鼓励学生通过自己的作品来呼吁大家关注生态保护，传递环保的理念。

第二节　青花线描跨学科的融合实践与探索

随着教育改革的不断深入，跨学科教学已成为当今教育领域的热门话题。青花线描跨学科的融合实践与探索是将中国传统艺术与多学科教育有机结合的创新尝试。通过语文解读诗意画面、数学探究几何原理、科学了解色彩和材料特性、音乐感受节奏与旋律、传统文化体验传承之美、英语介绍艺术风格，以及跨学科的教学方式实现文化传承与国际视野的双重提升等，为学生的全面发展搭建丰富多彩的教育平台。

一、青花线描与语文教学的融合

当青花线描遇上语文教学，二者便能碰撞出别样的火花，为学生带来一场文学与艺术的盛宴。

在语文课程中，青花线描作品的引入，无疑为解读古诗词的意境提供了新的视角。古诗词是中华民族的文化瑰宝，语言精炼，意境深远。然而，对于现代学生来说，由于时代背景的差异和语言习惯的变迁，理解古诗词中的深层意境和情感表达往往存在一定的困难。此时，青花线描作品的介入，便如同一位引路人，帮助学生更加直观地理解诗词中的景象和情感。

以元曲作家马致远的《天净沙·秋思》为例，这首小令以多种景物并置，组合成一幅秋郊夕照图，让天涯游子骑一匹瘦马出现在一派凄凉的背景上，从中透出令人哀愁的情调，它抒发了一个飘零天涯的游子在秋天思念故乡、倦于漂泊的凄苦愁楚之情。教师可以借助青花线描的手法，将诗中的"枯藤老树昏鸦，小桥流水人家"等意象生动地呈现出来。在画面中，枯藤缠绕着老树，树枝上栖息着黄昏时归巢的乌鸦；小桥下，溪水潺潺，旁边有几户人家。这些景象在青花线描的笔触下被赋予了新的生命，仿佛将学生带入了那个凄凉的秋日黄昏。学生在欣赏这幅作品时，能够更加直观地感受到诗中所表达的孤独、凄凉与思乡之情。

除了古诗词的解读外，青花线描还可以用于描绘文学作品中的情节或人物。在这一过程中，学生需要仔细研读文学作品，深入理解情节和人物性格，然后再用自己的笔触将其呈现出来。这不仅能够培养学生的想象力和创造力，更能加深他们对文学作品的理解。以《红楼梦》中的林黛玉为例，她性格柔弱、敏感多疑，同时又多愁善感。学生可以尝试用青花线描的手法来描绘她的形象，通过笔触的细腻变化来展现她的内心世界。在画面中，林黛玉身着淡雅的衣裙，眉宇间透露出淡淡的哀愁，仿佛正在思索着自己的命运。这样的青花线描作品不仅能够让学生更加深入地理解林黛玉这一人物形象，还能培养他们的艺术表现力和审美能力。

同样地，《水浒传》中的武松形象也可以通过青花线描来生动展现，武松勇猛豪爽、敢作敢当，是梁山好汉中的杰出代表。学生可以用粗犷有力的线条勾勒武松的形象，突出他的英勇和侠义。在画面中，武松手持哨棒，目光炯炯有神，仿佛随时准备为民除暴安良，让学生感受到武松的英勇无畏和正义感，激发他们的爱国情怀和正义之心。

教师还可以引导学生通过阅读青花线描相关的文化资料来提升文化素养，青花线描蕴含着丰富的历史文化内涵和独特的审美观念。教师可以通过让学生阅读相关书籍、欣赏经典作品等方式来深入了解青花线描的艺术风格和历史文化背景。在这一过程中，学生不仅能够拓宽自己的知识视野、增强文化自信心和民族自豪感，同时还能在艺术的熏陶中提升自己的文化素养和审美能力。

二、青花线描与数学教学的融合

青花线描与数学教学的结合，为学生带来了前所未有的学习体验，两者融合的教学方式，让学生能够在艺术与数学的交融中，更深入地理解数学知识，并培养他们的空间想象力和逻辑思维能力。青花线描蕴含着深厚的数学原理，当我们将青花线描引入数学课堂时，这些数学原理便得以直观地展现在学生面前。

青花线描中的线条和形状，为学生提供了丰富的几何学习资源。教师可以通过选取具有代表性的青花线描作品，引导学生观察其中的线条和形状。例如，在欣赏一幅青花瓷瓶的线描图时，教师可以让学生注意到瓶身的曲线形状，引导他们思考如何用数学语言描述这些曲线。学生可能会发现，这些曲线可以用二次函数、椭圆等数学模型来表示。这样一来，学生就能在实际的艺术作品中感受到数学的魅力，从而更加热爱数学学科。

青花线描中的对称性和重复性是数学教学中的重要内容。教师可以通过让学生观察青花线描作品中的对称图案，引导他们理解轴对称、中心对称等数学概念。例如，在一幅青花线描的蝴蝶图案中，学生可以明显地看到蝴蝶翅膀的对称性。教师可以利用这个机会，向学生解释轴对称的原理，并让他们尝试画出蝴蝶的对称轴。这样的实践活动，不仅能够加深学生对对称性的理解，还能提高他们的动手能力和空间想象力。

青花线描中的图案构成蕴含着数学中的组合与排列原理。教师可以通过分析青花线描作品中的图案构成，引导学生理解数学中的组合与排列知识。例如，在一幅青花线描的花卉图案中，不同的花朵和叶子按照一定的规律排列组合在一起，形成了美丽的画面。教师可以让学生尝试用数学语言描述这种排列组合的规律，从而培养他们的逻辑思维能力和抽象思维能力。

为了让学生更加深入地理解青花线描与数学的紧密联系，教师可以设计一系列实践活动。例如，教师可以组织学生进行青花线描创作比赛，要求他们在作品中融入所学的数学知识。学生可以运用平移、旋转等几何变换来设计独特的青花线描图案，或者利用对称性创作出具有美感的作品。在创作过程中，学生需要不断地思考和运用数学知识，从而更加深入地理解数学的原理和应用。

教师还可以引导学生通过测量和计算来探究青花线描作品中的数学元素。例如，教师可以让学生测量一幅青花线描作品中各个元素的长度和角度，然后引导他们计算出各个元素之间的比例关系。这样的实践活动不仅能够提高学生的测量和计算能力，还能让他们更加深入地理解青花线描作品中的数学美。

青花线描与数学教学的融合实践为学生提供了一个全新的学习视角。学生不仅能够更加直观地理解数学知识在艺术作品中的应用，还能在艺术的熏陶中培养对数学的兴趣和热爱。

青花线描与数学教学的融合还可以借助现代科技手段进行辅助。例如，教师可以利用计算机绘图软件模拟青花线描的绘制过程，让学生在电脑上进行实践操作。这样不仅能够提高学生的计算机操作能力，还能让他们更加直观地感受到青花线描的绘制技巧和数学原理。

三、青花线描与科学教学的融合

青花线描以其独特的艺术魅力吸引着世人的目光，更在科学教学中展现出不凡的价值。将青花线描与科学教学相融合，不仅可以让学生在艺术的熏陶中更直观地理解科学原理，同时也为他们提供了一个全新的科学探究视角。

青花线描中的色彩是科学教学中的一大亮点。色彩，这个看似简单的元素，背后却蕴含着丰富的光学和化学原理。在科学课堂上，教师可以通过青花线描作品中的色彩运用，向学生揭示色彩的科学奥秘。例如，教师可以选取色彩鲜明的青花线描作品，让学生观察其中的蓝色调，进而引导他们思考：为什么青花瓷会呈现出如此独特的蓝色？这背后又隐藏着怎样的科学原理呢？为了解答这些问题，教师可以引入光学的相关知识，向学生解释光的波长、频率与颜色之间的关系。蓝色光的波长较短，频率较高，因此它呈现出独特的蓝色调。而青花瓷所使用的颜料中，含有特定的化学成分，这些成分在烧制过程中会发生化学反应，从而产生出独特的蓝色。通过这样的讲解，学生不仅能够理解色彩背后的科学原理，还能对化学反应有更深入的认识。

在科学课堂上，教师可以通过实验来加深学生对青花线描与科学之间联系的理解。例如，教师可以组织学生进行色彩混合实验，让他们亲手混合不同颜色的颜料，观察色彩的变化规律，从而验证色彩混合的科学原理。教师还可以让学生通过制作简单的对称图案或重复性图案来加深对数学和物理原理的理解。

青花线描的材质与制作工艺为科学教学提供了丰富的内容。青花线描常常绘制在陶瓷等器物上，而陶瓷的制作本身就是一个涉及多种科学原理的过程。从原料的选择到成型、烧制，每一个环节都蕴含着深厚的科学知识。在科学课堂上，教师可以通过让学生了解陶瓷的制作过程来引入相关的材料科学、热力学等概念。

例如，教师可以向学生介绍陶瓷的原料主要是无机非金属材料，如黏土、石英、长石等。这些原料经过混合、研磨后形成泥料，再通过成型工艺制作成各种形状的陶瓷坯体。在烧制过程中，坯体中的水分逐渐蒸发，材料发生化学反应和物理变化，最终形成坚硬的陶瓷制品。通过这一过程的学习，学生可以了解到材料科学中的成分、结构、性能之间的关系以及热力学中的相变、热传导等原理。

为了让学生更加深入地理解这些知识，教师可以组织学生进行陶瓷制作实验。在实验中，学生可以亲手操作陶瓷制作设备，体验从泥料到陶瓷制品的完整过程。通过实验，学生可以更加直观地了解陶瓷制作中的各个环节以及相关的科学原理。教师还可以引导学生思考如何通过改变原料配比、烧制温度等参数来优化陶瓷的性能和外观。

青花线描的绘制技法也蕴含着科学原理，如青花线描中的笔触运用、色彩层次等都与力学、流体力学等科学原理有关。在科学课堂上，教师可以通过分析青花线描的绘制技法来引入相关的科学概念。教师还可以让学生通过实践操作来感受绘制过程中的力学变化和色彩层次的形成机制。

青花线描与科学教学的融合不仅可以让学生在艺术的熏陶中更直观地理解科学原理，还能激发他们对科学的兴趣和热爱。

四、青花线描与音乐教学的融合

青花线描与音乐之间的融合教学能为学生带来意想不到的收获。音乐作为时间的艺术，通过旋律、节奏和和声来传达情感；而青花线描作为空间的艺术，通过线条和色彩来展现美感。当两者相结合时，学生能够在音乐的律动中感受到青花线描的流动美，同时在欣赏青花线描时也能体会到音乐的节奏和旋律。

在音乐课程中，教师可以通过具体的音乐作品来引导学生感受音乐的节奏和旋律，并将其与青花线描联系起来。以小学音乐教材中的《小燕子》为例，这首歌曲旋律轻快、活泼，教师可以通过让学生聆听歌曲，感受其中的节奏变化，然后引导他们用青花线描的方式表现这种节奏。学生可以尝试用流畅的线条和明快的色彩描绘小燕子的飞翔，将音乐中的轻盈和自由转化为视觉上的美感。

教师可以让学生通过青花线描作品来创作与之相匹配的音乐。例如，教师可以选取一幅具有特色的青花线描作品，让学生观察其中的线条和色彩，并引导他们思考如何用音乐表现这幅作品的风格和意境。学生可以尝试用不同的音符和节奏模拟线条的流动和色彩的对比，从而创作出与青花线描作品相呼应的音乐作品。创作过程不仅能够培养学生的音乐创作能力，还能加深他们对青花线描艺术的理解和欣赏。

除了将音乐与青花线描相结合进行创作外，教师还可以利用青花线描帮助学生更好地理解音乐中的情感和意境。例如，在音乐欣赏课中，教师可以选取一些具有代表性的音乐作品，如《二泉映月》《梁祝》等，让学生聆听并感受其中的情感和意境。然后，教师可以展示与这些音乐作品风格相似的青花线描作品，让学生观察并思考两者之间的联系。通过这种方式，学生可以更加直观地理解音乐中的情感和意境，提升他们的音乐欣赏能力。

为了进一步丰富教学内容和提升学生的实践能力，教师可以组织一系列以青花线描和音乐为主题的实践活动。例如，教师可以让学生分组进行青花线描与音乐的联合创作。每组学生可以选择一首喜欢的歌曲或音乐片段，然后根据音乐的节奏、旋律和情感设计一幅青花线描作品。完成后，各组可以展示自己的作品，并与其他同学分享创作过程中的心得和体会。实践活动不仅能够锻炼学生的团队合作能力和创造力，还能让他们在实际操作中感受到青花线描与音乐的紧密联系。

教师还可以邀请专业的音乐家或艺术家来学校举办讲座或工作坊活动，让学生有机会亲身感受和学习青花线描与音乐的融合技巧。通过这些活动，学生可以了解到更多关于青花线描和音乐的知识和技能，同时也能激发他们的学习兴趣和热情。

青花线描与音乐教学的融合不仅为学生提供了更多的艺术感知和实践机会，还有助于培养他们的音乐素养、审美能力以及跨学科的综合能力。通过这种教学方式，学生可以在音乐的律动中感受到青花线描的流动美感和独特魅力。同时，也能在欣赏和创作青花线描作品时，更加深入地理解音乐的节奏、旋律和情感表达。

五、青花线描与英语教学的融合

青花线描在国际文化交流中展现出了不凡的魅力，将青花线描融入小学英语教学，不仅可以增强学生的语言实际运用能力，还能培养他们的国际视野和跨文化交流能力。

在英语教学中，教师可以通过青花线描作品来引导学生学习英语词汇和句式。青花线描作品以其精美的图案和独特的色彩搭配而闻名，教师可以通过让学生欣赏这些作品，教授他们相关的英语词汇和表达方式。例如，delicate pattern（精美的图案）、elegant lines（优雅的线条）、vivid colors（生动的色彩）等。教师还可以让学生通过描述青花线描作品的艺术风格和创作技巧，练习使用英语进行细节描述和观点表达，从而提升他们的英语口语和写作能力。

除了英语词汇和句式的教授外，青花线描的文化背景和历史发展是英语教学中不可忽视的内容。青花线描起源于中国，具有悠久的历史和深厚的文化底蕴。教师可以通过讲解青花线描的起源、发展历程以及在中国传统文化中的地位，引导学生了解中国的历史文化和艺术审美观念。在这一过程中，教师可以教授学生相关的历史文化词汇和表达方式，如 ceramic art（陶瓷艺术）、traditional craftsmanship（传统工艺）等。通过学习这些历史文化背景，学生可以更深入地理解青花线描的艺术风格和文化内涵，同时也能增强他们的文化素养和跨文化交流能力。

青花线描与英语教学的融合可以体现在对艺术市场的探究上。如今，青花线描作品在国际艺术市场上备受瞩目，成为收藏家们追逐的珍品。教师可以通过让学生了解青花线描在国际艺术市场上的价值和收藏情况，引导他们用英语进行讨论和交流。例如，教师可以组织学生就青花线描作品的投资价值、市场趋势等话题进行英语辩论或撰写英语论文。在这一过程中，学生不仅可以学习到与国际艺术市场相关的英语词汇和表达方式，还能培养他们的批判性思维和沟通能力。

教师还可以利用青花线描作品组织丰富的英语教学活动。例如，教师可以让学生分组进行青花线描主题的英语演讲比赛，或者让他们根据青花线描作品创作英语故事或诗歌，激发学生的学习兴趣和创造力，让他们在实际运用中提升英语水平。

为了更好地实现青花线描与英语教学的融合，教师需要不断提升自身的专业素养和英语教学能力。教师可以通过参加专业培训、阅读相关书籍、观摩优秀教学案例等方式来不断丰富自己的知识储备和教学经验。教师还应关注学生的个体差异和学习需求，灵活调整教学策略和方法，以确保每位学生都能在青花线描与英语教学的融合中受益。

青花线描与英语教学的融合不仅对学生的语言能力提升有积极影响，还有助于培养他们的全球意识和跨文化交流能力。在全球化的背景下，具备国际视野和跨文化交流能力的人才显得尤为重要。通过青花线描这一具有中国特色的艺术形式，学生可以更好地了解中国传统文化，并在国际交流中传播中国文化，增进不同文化之间的理解和友谊。

第三节　现代科技手段在青花线描综合运用

现代科技手段在小学青花线描课程中发挥着重要作用。通过在线资料收集丰富教学内容，视频课程教学直观展示技法，图文视频欣赏激发学生创作灵感，电脑辅助设计提升学生创作效率，作品在线共享促进学生交流，以及创意编程探索培养学生创新思维，这些科技手段的综合运用极大地丰富了青花线描课程的教学形式，提升了学生的学习兴趣和创造力，为传统文化的传承和发展注入了新的活力。

一、在线资料收集与课堂准备

在互联网蓬勃发展的时代，网络资源成为教学和学习的重要工具。对于小学青花线描课程而言，教师可以充分利用这一优势，引导学生通过在线平台共同收集有关青花线描的各类资料，为课堂做好充分准备。

课前，教师可以为学生布置一项特别的任务：在家长的协助下，利用网络资源搜索青花线描的相关信息。这一任务不仅锻炼了学生的信息检索能力，还让他们在搜索过程中初步了解了青花线描的历史背景、技法特点以及经典作品。这样的预习方式，使得学生在进入课堂之前就已经对青花线描有了一定的认识和兴趣。

在搜索过程中，学生可以了解到青花瓷的发展历程，从起源到各个时期的风格变化，如何逐渐成为中国传统艺术的重要代表。他们还可以发现，青花线描不仅仅是陶瓷上的装饰，更是一种独特的艺术形式，蕴含着深厚的历史文化底蕴。

教师还可以鼓励学生将搜索到的资料进行分类整理，如按照历史发展、技法介绍、作品欣赏等不同的主题进行归纳。这一过程不仅培养了学生的组织能力和逻辑思维能力，还让他们在课堂上有更充分的准备来分享和交流自己的发现。

在课堂上，教师可以设置一个专门的环节，让学生轮流上台展示自己收集到的资料，并分享自己的心得和感受。这样的互动环节不仅能增强学生的口头表达能力，还能加深他们对青花线描的理解和热爱。

通过这种方式，学生不仅在课堂上获得了丰富的知识，更重要的是，他们在搜索、整理和分享的过程中，培养了自主学习的能力，激发了对传统文化的兴趣和热爱。在线自助教学方式充分体现了以学生为中心的教学理念，让学生在主动探索中学习，在分享交流中成长。

为了让学生更加深入地了解青花线描的艺术风格和技法特点，教师可以引导学生对收集到的资料进行进一步的分析和讨论。例如，可以选取几个典型的青花线描作品，让学生观察其线条的运用、色彩的搭配以及构图的技巧，从而更深入地理解青花线描的艺术魅力。

教师还可以利用这些在线资料，为学生设计一些富有挑战性的学习任务。例如，可以让学生尝试根据收集到的资料，自己设计并绘制一幅青花线描作品，或者写一篇关于青花线描的小论文等。这些任务不仅能巩固学生在课堂上学到的知识，还能进一步拓展他们的视野和思维。

二、视频课程教学与技法学习

在小学青花线描课程中，视频课程教学以其直观、生动的特点，成为学生学习青花线描技法的重要途径。通过播放专业的视频课程，教师可以让学生更加清晰地观察到青花线描的绘画过程，从而更好地理解和掌握这一传统艺术的绘画技法。

视频课程的优势在于其能够将复杂的绘画过程进行分解和慢动作展示，让学生通过反复观看和模仿，逐渐掌握青花线描的基本技法。特别是对于一些细节的处理和线条的运用，视频课程能够给予学生更加直观的指导，使他们在实践中能够更加得心应手。

在青花线描课程中，教师可以根据学生的实际情况和学习进度，选择合适的视频课程进行教学。这些视频课程可以由专业的艺术家进行讲解，他们通过详细的步骤演示和技巧分享，帮助学生更好地理解和掌握青花线描的绘画技法。

例如，在绘制动物主题的青花线描时，视频课程可以展示如何运用不同的线条来表现动物的毛发、纹理和动态。通过艺术家的细致讲解和示范，学生可以学会如何运用长线条来勾勒动物的轮廓，如何使用短线条来刻画动物的细节，以及如何通过线条的粗细、疏密来表现动物的层次感和立体感。

除了基本的技法学习外，视频课程还可以拓展学生的艺术视野，让他们接触到更多元化的青花线描风格和创作理念。通过欣赏不同艺术家的作品和创作过程，学生可以激发自己的创作灵感，培养自己的艺术审美能力。

在视频课程教学过程中，教师可以结合课程内容，设计一些互动环节和实践任务。例如，可以让学生在观看视频后，尝试模仿视频中的技法绘制一幅自己的青花线描作品，或者组织学生进行小组讨论，分享彼此的学习心得和创作经验。

教师还可以利用视频课程的灵活性，根据学生的学习需求和兴趣点，进行个性化的教学安排。对于基础较好的学生，教师可以提供一些更高级的视频课程，挑战他们的绘画技法和创作能力；对于基础较弱的学生，教师可以选择一些基础性的视频课程，帮助他们打好基础，逐步提升。

三、图文视频欣赏与创作启发

在小学青花线描课程中，图文视频欣赏是一个至关重要的环节。这一环节不仅能够让学生直观地感受到青花线描的艺术美感，更能够激发他们的创作灵感，培养他们的审美能力。

教师可以通过精心挑选的青花线描经典作品和现代创新作品的展示，将学生带入一个充满艺术氛围的世界。这些作品可以高清的图片或者视频形式呈现，让学生仿佛身临其境，感受到每一笔线条的流动和每一个色彩的呼吸。

在欣赏作品的过程中，教师应该引导学生去观察、去思考。例如，可以提出一些问题，让学生探讨作品中的线条运用、色彩搭配、构图技巧等方面。通过这样的互动讨论，学生不仅能够更深入地理解青花线描的艺术特点，还能够在潜移默化中提升自己的艺术鉴赏力。

教师可以鼓励学生发表自己的看法和感受，艺术是主观的，每个人对同一件作品可能会有不同的解读。因此，教师应该尊重学生的个性化解读，并鼓励他们勇于表达自己的观点。这样不仅能够培养学生的批判性思维，还能够让他们更加自信地面对自己的艺术感受。

除了欣赏经典作品外，教师还可以引导学生关注现代青花线描的创新作品。这些作品往往融合了现代审美和传统文化元素，具有鲜明的时代特色。通过欣赏这些作品，学生可以了解到青花线描在现代艺术创作中的运用和发展趋势，从而拓宽自己的艺术视野。

在欣赏作品的过程中，教师还可以适时地引入相关的历史、文化背景知识。青花线描作为中国传统文化的重要组成部分，其背后蕴含着丰富的历史文化内涵。通过了解这些知识，学生可以更加深入地理解青花线描的艺术价值和文化意义。

图文视频欣赏环节不仅能够让学生沉浸在艺术的美感中，更能够激发他们的创作欲望。在欣赏完作品后，教师可以鼓励学生尝试模仿或者创新自己喜欢的作品风格进行创作。这样不仅能够巩固学生在课堂上学到的知识技巧，还能够培养他们的艺术创造力和实践能力。

教师还可以利用这一环节，引导学生思考青花线描在现代生活中的应用价值。例如，可以探讨如何将青花线描元素融入到家居设计、服装设计等领域中，从而让学生更加明确艺术与生活之间的紧密联系。

四、电脑辅助设计与创作实践

在当今数字化时代，电脑辅助设计软件在小学青花线描课程中发挥着越来越重要的作用。通过引入这些先进的软件工具，教师可以帮助学生更好地进行创作实践，提升他们的艺术表现力和创新能力。

电脑辅助设计软件为学生提供了丰富的绘画工具和色彩选择，使得青花线描的创作过程变得更加便捷和高效。学生可以利用这些工具轻松调整线条的粗细、色彩的深浅等参数，从而达到理想的艺术效果。这不仅提高了学生的绘画效率，还让他们在实践中更加深入地理解青花线描的绘画技法。

在课程中，教师可以先向学生介绍电脑辅助设计软件的基本操作和功能，然后引导学生进行实践操作。通过不断练习和探索，学生可以逐渐熟练掌握这些工具，为后续的青花线描创作打下坚实的基础。

教师可以鼓励学生尝试使用不同的滤镜和特效优化自己的作品。这些滤镜和特效可以帮助学生创造出更加丰富多样的艺术效果，提升他们的创新思维和实践能力。例如，通过运用模糊滤镜，学生可以模拟出传统青花线描中的水墨晕染效果；通过使用色彩调整工具，学生可以轻松改变作品的色调和明暗对比，从而营造出不同的艺术氛围。

除了基本的绘画工具和滤镜特效外，电脑辅助设计软件还提供了许多其他高级功能，如图层管理、蒙版应用等。这些功能可以帮助学生更加灵活地处理图像和线条，实现更加复杂的艺术构想。教师可以通过案例教学和项目实践的方式，引导学生逐步掌握这些高级功能，并将它们运用到实际的青花线描创作中。

在电脑辅助设计与创作实践过程中，教师可以结合学生的实际情况和学习需求，进行个性化的教学辅导。对于基础较好的学生，教师可以提供一些更具挑战性的任务和要求，激励他们不断探索和创新；对于基础较弱的学生，教师可以给予更多的指导和帮助，让他们在实践中逐步提升自己的绘画技法和艺术表现力。

教师还可以利用电脑辅助设计软件开展一些有趣的课堂活动。例如，可以组织学生进行青花线描创作比赛，让他们利用软件工具创作出独具特色的作品；还可以开展青花线描主题的数字艺术展，将学生的优秀作品进行展示和交流，激发学生的学习兴趣和创造力，提升沟通能力。

五、作品在线共享与交流展示

在信息化、网络化的时代，作品的在线共享与交流展示成为小学青花线描课程中不可或缺的一环。这一环节为学生提供了一个展示自我、互相学习的平台，不仅能够锻炼学生的表达与交流能力，还能进一步激发他们的创造力和艺术潜能。

在课程结束后，教师可以精心组织学生将自己的青花线描作品发布在班级的社交媒体平台或学校网站上。这一过程不仅是对学生创作成果的一种展示，更是对他们艺术追求的一种肯定。通过这样的方式，学生可以及时将自己的作品分享给更多的人，包括同学、老师、家长等，从而获得更广泛的反馈和建议。

为了让学生能够更好地进行在线共享与交流展示，教师可以提供必要的指导和帮助。首先，教师可以教授学生如何拍摄或扫描自己的作品，以保证作品能够以高质量的形式呈现在网络上。其次，教师可以引导学生编写作品的简介和创作心得，让观众更加深入地了解作品背后的故事和创作者的思考过程。

在作品发布后，教师可以鼓励学生积极参与在线交流和讨论。这不仅可以让学生及时了解观众对自己作品的看法和建议，从而更好地改进自己的创作，还能够培养学生的批判性思维和沟通表达能力。教师还可以邀请家长和其他班级的同学进行观看和点评，进一步扩大作品的影响力和观众群体。

通过在线共享与交流展示，学生可以从中获得多方面的收益。首先，他们可以及时了解到自己作品在观众心目中的形象和地位，从而增强自信心和成就感。其次，学生还可以从他人的作品中汲取灵感和经验，发现自己的不足并努力改进。最后，这一过程还能够锻炼学生的网络社交能力和团队协作精神，为他们未来的全面发展打下坚实的基础。

除此之外，教师可以利用这一环节进行课程总结和反思。通过收集和分析观众的反馈和建议，教师可以了解学生在创作过程中存在的问题和困难，并针对性地提供指导和帮助。教师还可以借此机会对课程内容和教学方法进行反思和改进，以提高教学质量和效果。

六、创意编程探索与拓展延伸

数字化时代，创意编程为艺术教育领域注入了新的活力。在小学青花线描课程中，引入创意编程的概念和工具，不仅可以拓展学生的艺术创作方式和表现形式，还能培养他们的逻辑思维能力和创新精神。

对于高年级的小学生来说，他们已经具备了一定的计算机操作基础和数学逻辑思维能力。因此，教师可以尝试将创意编程与青花线描相结合，让学生运用编程语言和算法创造出独特而富有创意的作品。

教师可以向学生介绍创意编程的基本概念和原理，以及它在艺术创作中的应用。通过展示一些经典的编程艺术作品，教师可以激发学生对编程艺术的兴趣和热情。

教师可以引导学生学习简单的编程语言和算法，如 Scratch 等青少年编程软件。这些软件具有直观易懂的图形化编程界面和丰富的艺术创作工具，非常适合小学生进行编程艺术创作。通过学习这些软件，学生可以了解编程的基本语法和逻辑结构，为后续的创作打下基础。

在掌握了一定的编程基础后，教师可以鼓励学生运用所学知识创作青花线描作品。例如，学生可以尝试使用编程软件中的画笔工具模拟青花线描的笔触和线条风格，或者运用算法生成复杂的线条图案和色彩组合。在创作过程中，教师可以提供必要的指导和帮助，让学生能够更好地将编程与青花线描相结合。

除了个人创作外，教师可以组织学生进行团队协作和项目实践。通过分组合作的方式，学生可以共同探讨和解决问题，完成更具挑战性和创意性的作品。

在创意编程探索与拓展延伸的过程中，教师还可以结合学生的实际情况和学习需求进行个性化的教学辅导。对于编程基础较好的学生，教师可以提供一些更具挑战性的任务和要求，激励他们不断探索和创新；对于编程基础较弱的学生，教师可以给予更多的指导和帮助，让他们在实践中逐步提升自己的编程能力和艺术表现力。

第四节　青花线描配方课程的开发与应用

青花线描配方课程的开发与应用要注重模块化课程设计，将内容与技能细分，以满足不同层次学生的需求，并实施个性化教学安排，采用多元化评价反馈机制全面了解学生学习情况。同时，为了保持其艺术活力，还需不断进行创新性拓展，融入现代元素。通过跨学科合作与推广传播，使这一传统艺术形式焕发新的生机，从而系统地传承与发扬青花线描艺术，提升学生的艺术素养和创新能力。

一、模块化课程设计

在配方课程理念下，模块化课程设计在青花线描教学中至关重要。通过将内容和技能进行细分，形成基础理论、技法训练、作品创作、欣赏评述以及线条表现、色彩运用、构图设计等模块，有针对性地帮助学生循序渐进地掌握青花线描的各项知识和技能，从而系统地提升学生的艺术素养和创新能力，实现青花线描艺术的有效传承与发扬。

（一）内容模块化

内容模块化是青花线描教学的一个重要策略，其目的是使复杂的知识体系变得清晰、有序，更易于学生接受和掌握。通过模块化处理，我们将青花线描的庞大知识体系分解为若干个相对独立、完整的教学内容单元，确保每个模块都围绕一个核心主题或技能点进行。

1. 基础理论模块

青花线描作为中国传统绘画的一种，拥有深厚的历史背景和文化内涵。基础理论模块的首要任务便是帮助学生建立起对青花线描的整体认知。在这个模块中，我们会深入探讨青花线描的起源、发展历程以及它在不同历史时期的风格和特点。通过对历史背景的剖析，学生不仅能了解青花线描的演变过程，还能理解其背后所蕴含的文化意义和审美价值。

基础理论模块还会涉及青花线描的艺术特色，我们会详细解析青花线描中的线条表现、色彩运用以及构图技巧，让学生明白这些元素是如何共同构成青花线描独特艺术魅力的。通过这一模块的学习，学生能够更深入地理解青花线描的美学原理，为后续的技能学习和作品创作打下坚实的基础。

2. 技法训练模块

在技法训练模块中，我们将专门针对青花线描的绘制技法进行系统训练。线条的运用是青花线描中的核心技法，学生将通过大量的实践练习，掌握如何运用不同的线条来表现物体的形态、质感和空间感。色彩的搭配也是青花线描中不可或缺的一部分。学生将学习如何选择合适的颜色，以及如何运用色彩的对比和调和来营造出丰富的视觉效果。

除了线条和色彩外，构图技巧也是青花线描中的重要一环。在这个模块中，学生将学习如何合理地安排画面中的元素，以达到最佳的视觉效果。我们将通过分析经典的青花线描作品，让学生了解不同的构图方法和原则，并通过实践练习来加深理解。

3. 作品创作模块

作品创作模块是检验学生技能掌握情况的重要环节。在这个模块中，学生将运用所学技法进行实际的作品创作。我们将鼓励学生发挥自己的想象力和创造力，创作出具有个性和特色的青花线描作品。我们也会为学生提供必要的指导和帮助，确保他们能够顺利完成作品创作。

通过作品创作模块的学习，学生不仅能够巩固和加深之前所学的技法知识，还能培养自己的艺术实践能力和创新思维。他们将学会如何将理论知识转化为实际操作，从而提升自己的艺术造诣和创作水平。

4. 欣赏评述模块

欣赏评述模块旨在提升学生的审美能力和艺术鉴赏力。在这个模块中，我们将选取经典的青花线描作品进行深入的欣赏和评述。学生将通过观察和分析这些作品，了解大师们是如何运用线条、色彩和构图等技法来表现主题和情感的。我们也会引导学生思考这些作品背后的文化内涵和社会价值，培养他们的批判性思维和独立思考能力。

通过欣赏评述模块的学习，学生能够更敏锐地捕捉到青花线描作品中的美感和艺术价值，从而提升自己的审美品位和艺术素养。他们也将学会如何以专业的眼光去评价和分析艺术作品，为将来的艺术学习和创作打下坚实的基础。

（二）技能模块化

技能模块化在青花线描教学中同样占据着举足轻重的地位。通过将青花线描的绘制技能分解为若干个独立的技能点，我们可以更有针对性地进行教学和训练，帮助学生循序渐进地掌握各项技能。

1.线条表现技能模块

线条是青花线描中最基本的元素之一，其表现技巧对于整幅作品的效果至关重要。在线条表现技能模块中，我们将重点训练学生掌握青花线描中线条的粗细、浓淡、虚实等变化。通过大量的实践练习和教师的细致指导，学生将逐渐领悟到线条运用的奥妙，并能够自如地运用不同的线条来表现各种物体和场景。

我们还会引导学生思考线条在青花线描中的审美意义和文化内涵。让他们明白，线条不仅仅是一种绘画技法，更是传递情感和表达思想的重要载体。

2.色彩运用技能模块

色彩是青花线描中另一个重要的元素，其运用技巧同样需要系统的训练和学习。在色彩运用技能模块中，我们将教授学生如何选择合适的颜色来表现青花线描的艺术效果。通过学习色彩的基本原理和运用规则，学生将能够更好地掌握色彩的搭配技巧，营造出丰富的视觉效果。

我们也会强调色彩在青花线描中的情感表达作用，不同的色彩能够传递出不同的情感和氛围，学生将通过实践练习来掌握这种微妙的情感表达方式。

3.构图设计技能模块

构图设计是青花线描中的关键环节，它直接关系到作品的整体效果和视觉冲击力。在构图设计技能模块中，我们将指导学生进行青花线描作品的构图设计。通过学习不同的构图方法和原则，学生将逐渐培养出敏锐的空间感和整体布局能力。

我们还会鼓励学生尝试创新性的构图设计。通过打破传统的构图规则，学生可以发现新的视觉表现和艺术风格，从而丰富自己的艺术创作语言。

二、层次性训练要求

为了让更多学生能够有效地学习和掌握青花线描这门艺术，在配方课程理念下，我们提出了具有层次性的训练要求。这种层次性的设计，旨在根据学生的实际情况和学习进度进行个性化教学，从而确保每个学生都能在青花线描的学习过程中获得成长和进步。

（一）基础层次：初学者的启蒙之路

对于初学者而言，青花线描是一个全新且充满挑战的领域。因此，在基础层次的教学中，我们应将重点放在基本线条的绘制和色彩的运用上。

1. 基本线条的绘制

线条是青花线描的基石。初学者需要从最简单的直线、曲线开始练习，逐渐掌握线条的流畅性、稳定性和节奏感。通过大量的重复练习，学生可以培养出对线条的敏锐感知和精准控制，为后续复杂的线条组合和变化打下坚实的基础。

2. 色彩的运用

青花线描的色彩虽然不如油画或水彩那样丰富多变，但其独特的蓝白对比却给人留下了深刻的印象。在基础层次，学生需要学会如何选择合适的色彩进行搭配，以营造出清新、典雅的艺术效果。他们还需要了解色彩的基本原理和运用规则，以便更好地掌握色彩的对比和调和技巧。

（二）提高层次：技艺的进阶与挑战

当学生掌握了基础层次的技能后，他们便可以进入提高层次的学习。在这一阶段，我们将增加构图设计和技法运用的难度，以提升学生的艺术表现力和创作能力。

1. 构图设计的深化

在提高层次，学生需要学会如何合理地安排画面中的元素，以达到最佳的视觉效果。这包括确定主题、选择合适的视角和比例、运用对比和重复等构图技巧来增强画面的层次感和空间感。通过不断实践和挑战，学生可以逐渐培养出自己独特的构图风格和审美观念。

2. 技法运用的拓展

除了构图设计外，提高层次的学生还需要进一步拓展自己的技法运用。这包括学习更多的线条变化和组合方式、掌握复杂的色彩搭配和渲染技巧等。通过不断尝试和创新，学生可以发展出更加丰富和多样的艺术表现手法，从而提升自己的作品质量和观赏价值。

（三）高级层次：艺术的探索与创新

对于高水平的学生而言，青花线描不仅仅是一门技艺，更是一种艺术表达的载体。在高级层次的教学中，我们将鼓励学生进行个性化创作和艺术探索，以培养他们的艺术创新精神和审美能力。

1.个性化创作的鼓励

在高级层次，学生已经具备了扎实的技艺基础和丰富的艺术表现力。因此，我们应该鼓励他们发挥自己的想象力和创造力，进行个性化的创作尝试。这包括选择独特的主题和视角、运用创新的构图和技法来呈现作品等。通过个性化创作，学生可以更加深入地挖掘自己的艺术潜力和表达方式。

2.艺术探索的引导

除了个性化创作外，高级层次的学生还需要进行更深入的艺术探索。这包括研究不同文化背景下的青花线描风格、探索现代青花线描的发展趋势和创新方向等。通过艺术探索，学生可以拓宽自己的艺术视野和认知边界，为未来的艺术创作和创新提供更多的灵感和可能性。

三、个性化教学安排

在青花线描配方课程中，重视个性化教学安排是提升教学效果、满足学生个性化需求的关键。每个学生都是独一无二的，他们各自具有不同的艺术天赋、学习特点和兴趣爱好。因此，作为教师，我们需要精心设计个性化教学方案，以充分发掘每个学生的潜力和特质。

（一）因材施教：量身定制的教学计划

在青花线描的教学中，因材施教的理念至关重要。它要求教师深入了解每个学生的实际情况，包括他们的基础技能、学习兴趣、学习风格等，并根据这些因素为他们量身定制合适的教学计划和训练内容。

1.基础技能的评估与提升

在课程开始之前，教师可以通过测试或作品展示等方式，对学生的基础技能进行评估。这样，教师就能更准确地了解学生的起点，从而为他们制订合适的教学计划。对于基础较好的学生，教师可以适当增加难度，挑战他们的技能极限；而对于基础较弱的学生，教师则可以从基础技能入手，帮助他们逐步建立信心，稳步提升。

2. 学习兴趣的激发与引导

了解学生的学习兴趣是因材施教的重要一环。教师可以通过问卷调查、面对面交流等方式，了解学生对青花线描的哪些方面最感兴趣，如线条的表现、色彩的搭配还是构图的设计等。然后，教师可以在教学计划中融入这些学生感兴趣的内容，从而激发他们的学习热情。

3. 学习风格的适应与尊重

每个学生都有自己独特的学习风格，有的人喜欢独立思考，有的人喜欢团队合作，还有的人喜欢通过实践来探索新知识。教师需要尊重学生的学习风格，并在教学中给予相应的支持和引导。例如，对于喜欢独立思考的学生，教师可以提供更多的自主研究机会；对于喜欢团队合作的学生，教师可以组织小组活动，让他们在合作中互相学习、共同进步。

（二）分组教学：有针对性的辅导

分组教学是个性化教学安排中的重要手段。通过将学生按照技能水平和兴趣爱好进行分组，教师可以进行更加有针对性的教学和辅导。

1. 技能水平的分组

根据学生的技能水平进行分组，可以让教师更加精准地把握每个小组的教学重点和难点。对于技能水平较高的小组，教师可以加大教学难度，引导他们进行更深入的艺术探索；对于技能水平较低的小组，教师则可以从基础入手，帮助他们打好基础，逐步提升技能。

2. 兴趣爱好的分组

按照学生的兴趣爱好进行分组，可以让每个学生都能在自己喜欢的领域内得到更深入的学习和发展。例如，对线条表现感兴趣的学生可以组成一个小组，共同探讨和研究线条在青花线描中的运用；对色彩搭配感兴趣的学生则可以组成另一个小组，专注于色彩的选择和搭配技巧。这样的分组教学可以让学生更加投入地学习自己感兴趣的内容，从而提高学习效果。

（三）个性化作业：激发学习积极性和创造力

布置个性化作业是个性化教学安排中的重要环节。根据学生的学习进度和能力水平布置不同难度的作业任务，教师可以有效地激发学生的学习积极性和创造力。

1. 分层次的作业设计

教师可以根据学生的技能水平和学习进度，设计不同层次的作业任务。对于基础较好的学生，可以布置更具挑战性的作业，如创作一幅具有独特构图和色彩搭配的青花线描作品；对于基础较弱的学生，则可以从简单的线条练习或色彩搭配开始，逐步引导他们掌握基本技能。

2. 创意性作业的鼓励

为了激发学生的创造力，教师可以布置一些创意性作业。例如，让学生以青花线描的形式表现一个特定的主题或情感，或者让他们尝试将青花线描与其他艺术形式相结合，创作出独具特色的作品。这样的作业可以让学生充分发挥自己的想象力和创造力，从而培养他们的艺术创新精神。

四、创新性未来拓展

青花线描，这一深具文化底蕴的传统艺术形式，在历史的长河中经历了无数的变迁。然而，任何艺术都需要与时俱进，不断地在创新中寻找新的生命力。为此，青花线描配方课程在传授传统技艺的更应着眼于未来，为学生提供更广阔的发展空间，让这门艺术在新的时代背景下焕发新的光彩。

（一）融合现代元素：传统与现代的碰撞

鼓励学生将现代艺术元素与青花线描创作相结合，不仅是为了尊重传统，更是对未来艺术发展的一次大胆探索。青花线描作为中国传统艺术的一种，其独特的艺术魅力和深厚的文化底蕴已经得到了广泛的认可。然而，艺术总是在不断发展和创新中，青花线描也不例外。

1.图案的创新：传统与现代的完美交融

青花线描的传统题材多以自然景物、人物故事为主，如山水、花鸟、人物等。然而，在现代社会中，学生的审美和创作观念也在不断地变化。因此，在青花线描配方课程中，我们鼓励学生尝试将现代图案元素融入传统线描之中。

例如，学生可以尝试将几何图形、抽象符号等现代设计元素与青花线描相结合，创作出具有现代感的作品。这样的创新不仅能够保持青花线描的传统韵味，还能为其注入新的活力和时代感。在课程中，我们会引导学生分析和理解现代图案的构成和美学特点，然后指导他们如何将这些元素巧妙地融入到青花线描的创作中去。

2.色彩的大胆运用：打破传统的色彩界限

青花线描以蓝白为主色调，这种色调给人以清新、雅致的感觉。然而，色彩的运用是可以多种多样的，不必拘泥于传统的限制。在青花线描配方课程中，我们鼓励学生大胆尝试运用更多的色彩。

例如，学生可以尝试在作品中加入其他颜色，如红色、黄色、绿色等，以丰富作品的色彩层次和视觉效果。也可以调整蓝色的深浅、明暗，使其呈现出更加丰富的变化。这样的色彩运用不仅能够让作品更加生动有趣，还能够培养学生的色彩感知和运用能力。在课程中，我们会教授学生色彩的基本原理和运用技巧，帮助他们更好地掌握色彩的运用。

3.构图的重新解读：打破常规，寻求新的视觉平衡

传统的青花线描构图讲究对称与和谐，这种构图方式给人以稳定、庄重的感觉。然而，在现代艺术中，非对称、斜线、不规则的构图方式也越来越受到人们的喜爱。因此，在青花线描配方课程中，我们鼓励学生尝试打破传统的构图常规，探索新的视觉平衡。

例如，学生可以尝试运用非对称的构图方式，让作品呈现出一种动态的美感。或者运用斜线和不规则的构图方式，为作品注入更多的动感和张力。这样的构图创新不仅能够让作品更加具有现代感，还能够培养学生的构图能

力和创新思维。在课程中，我们会引导学生分析现代艺术的构图特点和美学规律，然后指导他们如何将这些构图方式应用到青花线描的创作中去。

（二）参与展览与竞赛：舞台上的较量与成长

组织学生参与艺术展览和竞赛，是青花线描配方课程中不可或缺的一环。这不仅为学生提供了一个展示才华的平台，更是他们艺术成长道路上的重要推动力。

1.展示与交流：让作品走向公众，汲取更多营养

通过参与展览，学生的青花线描作品能够走出课堂，走向更广阔的公众视野。在展览中，学生的每一件作品都像是他们艺术心灵的一扇窗户，向外界展示着他们对美的理解和追求。这不仅能让更多的人欣赏到青花线描的独特魅力，还能为学生的创作带来更多的关注和评价。

更为重要的是，展览为学生提供了一个与其他艺术家和观众交流的平台。他们可以从其他参展作品中汲取灵感，了解不同的艺术风格和创作理念，从而拓宽自己的艺术视野。通过与观众的互动，学生可以更直接地了解到外界对自己作品的看法和建议，这对于他们明确自己未来的努力方向、调整创作思路具有重要的指导意义。

在青花线描配方课程中，我们会定期组织学生参加校内外的艺术展览，让他们有机会将自己的作品呈现在更多人面前。我们也会邀请专业的艺术家和评论家来展览现场，与学生进行面对面的交流和指导，帮助他们更好成长。

2.竞技与激励：在竞赛中挑战自我，激发无限潜能

艺术竞赛是学生检验自己技艺、挑战自我的一个重要舞台。在竞赛中，学生需要将自己的作品与众多优秀的作品进行比较和竞争，这不仅能够激发他们的斗志和求胜心，还能让他们更加客观地评价自己的作品和技艺。

在青花线描配方课程中，我们会鼓励学生积极参加各类艺术竞赛，并为他们提供必要的指导和支持。通过竞赛，学生可以更加明确自己在青花线描创作中的优势和不足，从而有针对性地进行改进和提升。竞赛中的好成绩也能极大地激发学生的创作热情和自信心，让他们更加坚定地走在艺术创作的

道路上。

即使未能在竞赛中获奖，学生也能从中看到自己的差距和不足，从而更加努力地学习和创作。我们会引导学生以积极的心态面对竞赛结果，将每一次竞赛都视为一次学习和成长的机会。

（三）推广与传播：让青花线描走向更广阔的天地

在数字化、网络化时代，推广和传播传统艺术显得尤为重要。青花线描作为中国传统艺术的瑰宝，更应当被更多人所了解和欣赏。为此，我们将青花线描的推广与传播深度融入配方课程中，希望通过现代科技手段，让这一艺术形式走向更广阔的天地。

1. 网络平台的建设：打造青花线描的数字窗口

为了更广泛地推广青花线描艺术，我们积极建设网络平台，如专门的网站和社交媒体账号。这些平台不仅是我们发布学生作品、分享创作故事的窗口，更是传播青花线描相关知识、技艺的重要渠道。通过这些平台，我们能够及时地将学生的最新作品、创作心得以及青花线描的历史背景、技艺特点等内容呈现给广大网友。

在青花线描配方课程中，我们鼓励学生将自己的作品和创作过程分享到这些网络平台上。这不仅能提升学生的成就感，还能吸引更多人关注和了解青花线描。我们也会邀请专业人士和爱好者在网络平台上进行交流和互动，共同推动青花线描艺术的发展。

2. 线上线下的互动：让青花线描融入生活

除了网络平台外，我们还注重线下活动的组织与策划。通过定期举办艺术沙龙、工作坊等活动，我们邀请艺术家、学者和普通市民共同参与，让他们亲身体验青花线描的独特魅力。这些活动为参与者提供了亲手尝试青花线描创作的机会，让艺术真正融入人们的生活。

在青花线描配方课程中，我们强调实践与体验的重要性。通过组织线下活动，让学生有机会与各界人士交流和分享，进一步提升他们的艺术素养和社交能力。这些活动也为我们收集到了许多宝贵的反馈和建议，有助于不断完善课程内容和教学方式。

3. 与其他文化的交流：拓展青花线描的艺术视野

青花线描作为中国传统文化的一部分，具有独特的艺术价值和历史意义。然而，在全球化日益加剧的今天，我们也意识到与其他国家艺术形式进行交流与碰撞的重要性。这不仅可以丰富青花线描的艺术内涵，还能促进中外文化的交流与融合。

在青花线描配方课程中，我们积极引入其他国家的艺术元素和创作理念。通过与不同文化背景的艺术家进行合作与交流，让学生接触到更多元化的艺术风格和思考方式，为他们的创作带来了更多的灵感和可能性。

第七章

教师角色与专业素养的提升

在青花线描艺术的殿堂里，教师不仅是知识的传递者，更是文化的传承者和艺术的引领者。他们肩负着培养学生艺术素养、激发学生创造力的重任，其角色定位与专业素养的提升显得尤为重要。

青花线描，这一蕴含着深厚文化底蕴的艺术形式，对教师提出了更高的要求。他们不仅需要具备扎实的专业知识，还需要有敏锐的艺术感悟力和独特的教学风格。在青花线描的教学中，教师的角色不再是单一的知识灌输者，而是变成了学生艺术探索路上的引路人、艺术情感的倾听者和学生创造力的激发者。

为了更好地担当这一角色，教师需要不断提升自身的专业素养。他们应该深入了解青花线描的历史渊源、艺术特点以及创作技巧，以便能够在教学过程中准确地传递艺术精髓，引导学生领略线描艺术的独特魅力。教师还应具备创新精神和跨学科的知识储备，以便能够将青花线描与其他领域有机融合，为学生提供更广阔的艺术视野。

在青花线描的教学过程中，教师与学生共同成长是教育的最高境界。教师需要关注学生的个性化需求，尊重他们的艺术感受。通过互动式的教学方法和多元化的评价方式，激发学生的艺术潜能，让他们在轻松愉悦的氛围中自由创造、畅快表达。而学生在这个过程中，不仅能够掌握青花线描的技艺，更能够培养审美情趣、提升文化素养，实现全面发展。

教师角色与专业素养的提升是一个持续不断的过程。在青花线描的教学中，教师需要不断反思、不断学习，以更加开放的心态和更加深厚的艺术造诣，引领学生在艺术的海洋中遨游，共同探索艺术的无穷奥秘。

让我们携手努力，以教师的专业素养提升为基石，共同构筑青花线描艺术的璀璨明天。在这个过程中，我们将不断追求卓越、砥砺前行，让艺术的种子在每一个学生心中生根发芽，绽放出绚丽多彩的花朵。让青花线描这一古老而美丽的艺术形式，在我们的共同努力下焕发新的生机与活力，成为连接过去与未来、传承与创新的桥梁。

第一节　青花线描中教师的角色定位与目标

一、青花线描课程中教师的角色定位

在青花线描的教学中，教师不仅是艺术的引导者、技艺的传授者、文化的传承者，还是创新的推动者，他们扮演着情感支持者、学习促进者以及合作与沟通者的多重角色，用深厚的艺术造诣和无私的奉献精神，为学生点亮艺术的灯塔，引领他们在青花线描的世界里自由翱翔。

（一）艺术引导者

在青花线描的教学中，教师的首要角色是一位艺术的引导者。这不仅仅是因为青花线描是一种需要深厚感悟与体验的艺术形式，更因为教师需要引导学生逐步走进这个充满魅力的艺术世界，去探寻那些隐藏在每一笔线条背后的故事与情感。

青花线描以其独特的艺术风格和深刻的文化内涵，成为中国传统艺术中的一朵奇葩。然而，对于初学者来说，这种艺术形式可能显得高深莫测，甚至有些晦涩难懂。因此，教师的引导作用就显得尤为重要。教师需要通过自己的专业知识和艺术修养，帮助学生打开通往青花线描世界的大门。

为了激发学生对青花线描的兴趣和好奇心，教师需要精心策划和准备教学内容。他们可以通过展示精美的青花线描作品，让学生直观感受到这种艺术形式的独特魅力。还可以结合青花线描的历史文化背景，讲述那些与作品相关的故事和传说，从而让学生在欣赏作品的同时也能深入了解其背后的文化内涵。

当然，引导学生走进青花线描的世界并不仅仅是通过展示和讲述就能完成的。教师还需要关注学生的个体差异和情感体验，根据他们的兴趣和特点进行有针对性引导。例如，对于对艺术有浓厚兴趣的学生，教师可以提供更多的艺术资源和创作机会，鼓励他们在青花线描领域进行更深入的探索和实践；而对于那些对艺术了解不多的学生，教师则可以从基础入手，通过简单的线条和图形练习，帮助他们逐渐建立起对青花线描的基本认识和兴趣。

在这个过程中，教师需要充分发挥自己的艺术修养和教学经验，用富有感染力的语言和生动的教学方式来引导学生。他们不仅是知识的传递者，更是学生艺术探索路上的引路人。通过教师的引导，学生可以更加深入地了解青花线描的艺术特点和创作技巧，从而在自己的创作实践中灵活运用，逐渐发展出属于自己的艺术风格和语言。

（二）技艺传授者

在青花线描的教学中，教师不仅扮演着艺术引导者的角色，更是技艺的传授者。他们不仅需要自己掌握扎实的线描技艺，更要能够清晰地向学生演示绘画步骤，解释各种线条和图形的表现手法，这不仅是一种技艺的传授，更是一种艺术的传承。

青花线描作为中国传统艺术的一种独特表现形式，其技艺的精湛与复杂程度不言而喻。因此，教师在传授技艺时，需要自己具备深厚的线描功底和丰富的实践经验。只有这样，才能确保向学生传授正确而精湛的技艺，帮助他们在青花线描的道路上走得更远。

在教学过程中，教师需要注重细节和步骤的演示。他们可以通过实际操作，向学生展示如何运用不同的线条和图形来表现对象的形态和质感。教师还需要解释每一种线条和图形的表现手法背后的原理和技巧，帮助学生理解和掌握这些技艺的精髓。

然而，技艺的传授并非一成不变的。每个学生的实际情况和能力水平都有所不同，因此教师需要根据学生的个体差异，制订个性化的教学计划。对于初学者，教师可以从基础入手，帮助他们掌握青花线描的基本技法和创作要领；对于进阶学生，教师可以引导他们深入探索和实践更复杂的技艺和表现手法，鼓励他们在创作中发挥自己的个性和创意。

除了直接的技艺传授外，教师还可以通过各种教学手段来帮助学生更好地理解和掌握青花线描的技艺。例如，教师可以组织学生进行小组讨论和实践操作，让他们在交流和合作中共同进步；还可以利用多媒体教学资源，向学生展示更多的青花线描作品和创作过程，拓宽他们的艺术视野和创作思路。

技艺的传授是青花线描教学中不可或缺的一环。教师需要以严谨的态度和精湛的技艺来引导学生学习和实践青花线描的技艺和表现手法。通过个性化的教学计划和丰富多样的教学手段，可以帮助学生逐步掌握青花线描的精髓和魅力，为他们的艺术创作之路打下坚实的基础。技艺的传授也是艺术的传承和发展的重要途径之一，教师需要肩负起这一重任，为青花线描艺术的传承和发展贡献自己的力量。

（三）文化传承者

青花线描这一古老而独特的艺术形式，不仅仅是线条与色彩的组合，更是中华民族深厚文化的载体。在青花线描的教学中，教师的角色远远超出了技艺传授的范畴，而是作为文化的传承者，肩负着向学生传递青花线描所蕴含的文化内涵和历史价值的重任。

文化内涵是青花线描艺术的灵魂，每一笔、每一划，都蕴含着丰富的历史文化信息。教师在教学中需要深入挖掘这些信息，并将其巧妙地融入课程内容中。教师通过讲述青花线描的起源、发展及其在各个历史时期的风格变化，帮助学生理解这一艺术形式背后的历史脉络和文化积淀。教师可以结合具体的青花线描作品，分析其中的文化元素和象征意义，让学生更加直观地感受到青花线描的文化魅力。

历史价值是青花线描艺术的宝贵财富，这种艺术形式见证了中华民族的发展历程，承载着无数先辈的智慧和创造力。教师通过向学生介绍青花线描在各个历史时期的社会地位和影响，以及它在陶瓷艺术、装饰艺术等领域的应用，让学生认识到这一艺术形式的历史价值。教师可以引导学生通过欣赏和研究青花线描作品，感受其中所蕴含的民族精神和审美追求，从而培养学生对传统文化的敬畏之心。

在青花线描的教学中，教师帮助学生建立起对传统文化的认识和尊重，这是文化传承的重要一环。教师通过丰富的教学内容和生动的教学方式，激发学生对传统文化的兴趣，在阅读经典、品味艺术的过程中，逐渐领悟传统文化的博大精深。教师还鼓励学生将传统文化元素融入自己的创作中，用现代的艺术语言诠释传统文化的魅力，从而成为文化传承的参与者和推动者。

作为教师，深知文化传承的重要性。教师不仅在课堂上传授知识，更在课堂外以身作则，用自己的言行影响和感染着学生。教师带领学生参观博物馆、艺术馆，实地感受传统文化的氛围；组织学生参加文化活动、艺术展览，让学生有机会与艺术家面对面交流，拓宽艺术视野。

在青花线描的教学中，教师作为文化传承者的角色不可忽视。教师通过传递文化内涵、彰显历史价值，帮助学生建立起对传统文化的认识和尊重，为培养新一代的文化传承者和创新者奠定了基础。

（四）创新推动者

在青花线描的教学中，教师不仅是传统技艺的守护者，更是创新思维的引领者。教师深知，任何艺术形式都需要与时俱进，才能在历史的长河中生生不息。因此，教师在传授传统技艺的更注重激发学生的创新思维和艺术创造力。

创新是推动艺术发展的不竭动力。在青花线描的教学中，教师鼓励学生勇于尝试新的表现手法和创作风格，引导学生关注当代社会的审美需求，结合现代艺术元素，对传统技艺进行创新性的运用和发展。通过实践性的教学活动，如命题创作、小组合作等，教师帮助学生打开思路，挖掘内心深处的创意灵感。

为了培养学生的创新思维，教师精心组织各种创意课程，引入现代艺术设计理念，引导学生从多维度的视角审视青花线描艺术。在课程中，教师注重培养学生的观察力、想象力和实践能力，让学生通过实际操作去感受线条的韵律和图形的魅力。教师关注学生的个性化发展，鼓励他们在创作中展现自己的独特风格和思考。

教师还通过开展创作比赛等方式，进一步激发学生的创新思维和艺术创造力。比赛为学生提供了一个展示才华的舞台，同时也为他们带来了挑战和激励。在比赛过程中，学生不仅需要运用所学的青花线描技艺，还需要发挥自己的想象力和创意灵感，创作出独具特色的作品。

作为教师，深知创新的重要性。教师不仅在课堂上注重培养学生的创新思维，更在课堂外关注学生的创作实践。教师为学生提供丰富的艺术资源和创作平台，鼓励学生勇于尝试、敢于创新。在教师的引领下，学生们逐渐形成了敢于挑战传统、勇于探索未知的创新精神，为青花线描艺术的传承与发展注入了新的活力。

（五）情感支持者

青花线描学习过程既是对技艺的磨练，也是对意志的考验。在这个过程中，学生难免会遭遇挫折和困惑，这时，教师的角色就显得尤为重要。他们不仅是技艺的传授者，更是学生情感的依靠和支持者。

青花线描的学习，需要学生投入大量的时间和精力去揣摩和实践。然而，艺术的道路从来不是一帆风顺的，学生在探索的过程中，难免会遇到瓶颈和困难。这时，他们的内心可能会充满迷茫和焦虑，甚至开始怀疑自己的能力和选择。在这样的关键时刻，教师的情感支持就显得至关重要。

作为教师，他们深知学生在学习青花线描的过程中所面临的压力和挑战。因此，他们始终关注学生的情感变化，用心去感受学生的喜怒哀乐。当学生遇到挫折时，教师会及时伸出援手，用温暖的话语和体贴的关怀，帮助学生走出心灵的阴霾。

在这个过程中，教师不仅要用自己的专业知识和经验来指导学生，更要用自己的爱心和耐心来陪伴学生。他们鼓励学生勇敢面对困难，相信自己的能力是无穷的。教师也会分享自己的艺术追求和人生经历，以此激励学生不断前行。

在青花线描的教学中，教师与学生之间建立起了一种深厚的情感纽带。情感纽带不仅让学生在学习上取得了更好的成绩，更让他们在心灵上得到了滋养和成长。有了教师的情感支持，学生们在学习青花线描的道路上变得更加坚定和自信。

（六）学习促进者

在青花线描的教学中，教师不仅是艺术的传承者，更是学生学习路上的引路人。他们深知，激发学生的学习兴趣和动力是教学成功的关键。因此，教师不断努力，通过各种方法和手段，促进学生的学习和发展。

为了让学生更好地理解和掌握青花线描的技艺，教师精心设计了丰富多样的教学活动。他们组织学生进行小组讨论，让他们在交流中碰撞思想、分享经验；安排实践操作，让学生在动手的过程中感受艺术的魅力、提升技艺水平。这些活动不仅增强了学生的学习体验，更让他们在轻松愉快的氛围中爱上了青花线描这一艺术形式。

教师密切关注学生的学习进度和反馈，他们通过观察学生的学习过程，了解他们在哪些方面存在困难和疑惑，并及时给予指导和帮助。当发现学生在某个环节上遇到问题时，教师会耐心讲解、亲自示范，直到学生完全理解和掌握。个性化的教学方式，让每个学生都能在青花线描的学习中找到自己的节奏和方向。

为了进一步激发学生的学习动力，教师还会定期举办展览、比赛等活动，让学生有机会展示自己的作品和成果。这不仅提升了学生的自信心和荣誉感，更让他们在竞争中不断进步、超越自我。在教师的鼓励和引导下，学生们逐渐形成了积极向上的学习态度，对青花线描的学习充满了热情和期待。

在青花线描的教学中，教师作为学习促进者的角色至关重要。他们通过精心设计的教学活动、个性化的辅导和指导以及丰富多彩的展示平台，为学生创造了一个充满挑战和机遇的学习环境。在这个环境中，学生们不仅掌握了青花线描的技艺，更在学习的过程中收获了成长和快乐。

（七）合作与沟通者

在青花线描的教学中，教师不仅是技艺的传授者和学生的引导者，同时还是一位重要的合作与沟通者。青花线描的教学绝非孤立的课堂活动，它涉及学生、家长、学校乃至社会的多个层面。因此，教师需要走出课堂，与家长、学校管理层以及其他教师保持密切的沟通和合作，共同为学生创造一个更加全面、有利的学习环境。

家长是学生的第一任教育者，对学生的性格、习惯和价值观有着深远的影响。在青花线描的教学过程中，教师需要及时向家长反馈学生的学习进展和困难，让家长了解孩子在学校的学习情况，从而在家中也能给予相应的支持和帮助。例如，教师可以通过定期的家长会，与家长面对面交流，分享学生的作品和学习心得，听取家长的意见和建议。教师也可以通过微信群、电话等方式，随时与家长保持联系，及时解决学生在学习过程中遇到的问题。

学校管理层负责制定教育政策和提供教学资源，对于青花线描的教学有着重要的支持作用。教师需要向管理层反映教学需求和困难，争取更多的教学资源和政策支持。例如，教师可以提出购买更多青花线描教材和工具的申请，或者建议学校举办青花线描的展览和活动，以提高学生的积极性和参与度。通过与学校管理层的有效沟通，教师可以为学生争取到更好的学习条件和机会。

青花线描的教学虽然以个体创作为主，但也需要与其他艺术形式和交流相互借鉴和融合。教师可以通过与其他教师的交流和合作，共同探讨教学方法和技巧，提高教学效果。例如，教师可以邀请其他艺术课程的教师观摩自己的课堂，提供宝贵的意见和建议。教师也可以主动参加学校组织的教学研讨会和培训活动，与其他教师分享自己的教学经验和心得。

在合作与沟通的过程中，教师需要具备开放的心态和积极的态度。他们要善于倾听他人的意见和建议，虚心接受批评和指导。教师也要勇于表达自己的观点和想法，争取各方面的支持和理解。通过有效的合作与沟通，教师可以为学生创造一个更加有利的学习环境，促进学生的全面发展。

除了以上提到的与家长、学校管理层和其他教师的沟通外，教师还可以通过各种渠道和方式，与社会各界保持联系和合作。例如，教师可以组织学生参加社区的文化活动或艺术展览，让学生有机会与专业人士和艺术家面对面交流，拓宽视野和增长见识。教师也可以邀请相关领域的专家来学校举办讲座或工作坊活动，为学生提供更多的学习资源和机会。

第二节　青花线描对教师专业素养提升要求

青花线描课程要求教师不仅需深入掌握青花线描的艺术特点和技法，还需持续学习、创新教学方法，并具备跨学科融合、个性化教育引导及现代教育技术运用能力，良好的沟通能力、敏锐的洞察力以及参与教育研究的精神也是必不可少的。此外，在致力于提升学生艺术素养的教师也需注重自身的身心健康管理，以便以最佳状态投入到青花线描的教学中，全面提升自身的专业素养，从而更好地激发学生对青花线描艺术的兴趣和热爱，培养他们的艺术创造力和审美能力。

一、深入了解青花线描艺术

青花线描作为中国传统艺术的重要分支，承载着深厚的历史底蕴和文化内涵。为了向学生准确地传授这一艺术形式的相关知识，教师需要下足功夫，系统学习青花线描的方方面面。

对于青花线描的历史背景，教师应该追溯其起源，了解它在历史上的发展和变迁。这不仅包括其在陶瓷装饰中的应用，还有其在不同历史时期所呈现出的不同风格和特点。青花线描如何从元代的粗犷豪放，逐渐过渡到明清的细腻典雅，这其中的历史脉络和文化背景，都是教师需要深入挖掘的内容。

青花线描的艺术特点也是教师必须深入理解的部分，它的线条流畅而富有韵律，构图巧妙且充满想象力。青花线描如何在有限的空间内，通过线条的粗细、疏密、曲直来展现物体的形态和质感，这其中的艺术奥妙值得每一位教师去仔细揣摩。

在技术要求方面，教师需要掌握青花线描的绘制工具和材料，以及如何运用这些工具来表现出青花线描的独特魅力。从选笔、选墨到纸张的选择，每一个细节都可能影响到最终的艺术效果。因此，教师需要在实际操作中不断摸索和总结，以便能够向学生传授最实用、最有效的技术方法。

二、提升线描技法

在青花线描的艺术实践中，技法的掌握和运用是至关重要的。作为教师，要想有效指导学生进行线描练习，自身必须熟练掌握青花线描的基础技法。

线条的运用是青花线描的核心。教师应该精通如何通过笔法的变化来展现线条的粗细、浓淡和虚实，从而赋予画面以层次感和动态美。线条的流畅性和节奏感也是青花线描中的重要特点，教师需要通过不断实践来磨练自己的线条表现力，使其既能准确刻画物体的形态，又能传达出艺术家的情感和意境。

除了线条的运用外，构图的设计同样不可忽视。青花线描的构图往往讲究对称与平衡，同时又不乏创新和巧思。教师应该学会如何在有限的空间内进行合理的布局，使得画面既不失整体感，又能突出重点，引人入胜。

为了熟练掌握这些技法，教师需要投入大量的时间和精力进行练习和研究。可以通过临摹经典作品来感悟大师们的线条运用和构图设计，也可以通过创作实践来检验自己的技法水平。在这个过程中，教师还需要不断地反思和总结，以便找出自己的不足，并针对性地加以改进。

三、持续学习

在青花线描领域，技术和风格都在不断演变。作为一名教师，要想保持在这个领域的领先地位，就必须保持对新知识和技能的持续学习。这不仅仅是为了满足个人的职业发展需求，更是为了向学生提供最前沿、最专业的指导。

首先，教师需要时刻关注青花线描领域的最新动态，具体包括新的技术方法、新的艺术风格以及新的研究成果等。通过参加专业研讨会、艺术展览和学术交流活动等，教师可以及时获取到这些信息，并将其融入到自己的教学实践中。

其次，教师需要不断更新自己的教学方法和手段。随着教育理念和技术的不断进步，传统的教学模式可能已经无法满足现代学生的学习需求。因此，教师需要积极探索和尝试新的教学方法，如项目式学习、翻转课堂等，以激发学生的学习兴趣和提高他们的学习效果。

最后，持续学习还意味着教师需要保持一种开放和包容的心态。在青花线描领域，不同的艺术家和教育者可能有着不同的观点和做法。教师需要学会倾听和理解这些不同的声音，并从中汲取有益的经验和启示。教师也需要勇于承认自己的不足和错误，并愿意接受和改正它们。只有这样，教师才能在青花线描的教学道路上不断前行，不断进步。

四、创新教学方法

在青花线描的教学中，传统的教学方法往往侧重于技术的传授和模仿，但这样的教学方式可能无法满足现代学生的学习需求和兴趣。因此，教师需要不断探索和创新教学方式，以提高学生的学习兴趣和参与度。

项目式学习法是一种非常有效的教学方法，教师可以设计一系列与青花线描相关的项目，让学生在完成项目的过程中学习和掌握青花线描的技术和知识。例如，教师可以让学生以小组的形式，选择一个主题，进行青花线描的创作。在这个过程中，学生需要自主查找资料，设计构图，选择线条和色彩，最终完成一幅作品。这样的教学方式不仅能够提高学生的自主学习能力，还能够培养学生的团队合作精神和创新思维。

在实践探索法中，教师可以组织学生到博物馆、艺术馆等实地参观，让学生亲身感受和体验青花线描的艺术魅力。在实地参观的过程中，教师可以引导学生观察和分析青花线描的线条、色彩和构图，从而加深学生对青花线描艺术特点的理解。教师还可以鼓励学生动手尝试绘制青花线描，让学生在实践中探索和学习。

作品竞赛法是激发学生学习兴趣的有效手段。教师可以定期组织学生参加青花线描作品竞赛，让学生在竞赛中展示自己的才华和成果。通过竞赛，学生可以感受到自己的进步和成就，从而更加热爱青花线描艺术。竞赛还能够培养学生的竞争意识和创新精神，提高学生的艺术素养和审美能力。

五、跨学科融合能力

青花线描不仅仅是一种艺术形式，它还承载着深厚的历史文化底蕴。因此，在青花线描的教学中，教师需要具备跨学科的知识整合能力，以丰富课程内容，提升学生的学习兴趣和认知深度。

青花线描与历史紧密相连，教师可以通过讲述青花线描在不同历史时期的发展变化，引导学生理解艺术与社会、历史背景的关联。例如，明代青花瓷的盛行与当时的海上丝绸之路有何联系？为何清代的青花线描风格会发生某种转变？这些问题都需要教师结合历史知识进行深入浅出的讲解。

青花线描与中国传统文化息息相关，教师可以引入文学、哲学等领域的知识，帮助学生理解青花线描背后的文化意蕴。例如，青花线描中的图案常常蕴含着吉祥如意、长寿健康等美好寓意，这与中国传统文化中的价值观有何共通之处？如何通过线条和色彩的运用来体现这些文化元素？

教师还可以将科学知识与青花线描相结合，例如，青花瓷在制作过程中涉及哪些化学变化？为何不同的釉料和温度会影响青花瓷的色泽和质地？这些知识不仅能增强学生的实践能力，还能培养他们的科学素养。

跨学科的融合不仅能让学生在学习青花线描的过程中开阔视野，增长见识，还能培养他们的综合素养和创新能力。因此，教师需要不断提升自己的跨学科知识整合能力，以便更好地引导学生在青花线描的学习中实现全面发展。

六、良好的沟通能力和洞察力

在青花线描的教学中，教师除了传授技术和知识外，更重要的是要洞察学生的学习需求和问题，这就需要教师具备良好的沟通能力和敏锐的洞察力。

良好的沟通能力是教师与学生建立信任和理解的桥梁。青花线描是一种需要高度个性化的艺术形式，每个学生的学习进度和风格都可能有所不同。因此，教师需要耐心倾听学生的想法和困惑，理解他们的学习需求和期望，从而提供有针对性的指导和帮助。通过有效的沟通，教师可以更好地激发学生的学习兴趣和热情，让他们在青花线描的学习中感受到成就和乐趣。

敏锐的洞察力是教师及时发现问题和解决问题的关键。在青花线描的教学过程中，学生可能会遇到各种技术和创作上的难题。教师需要细心观察学生的学习状态和作品表现，及时发现他们的困惑和问题，并给予及时的指导和帮助。教师还需要根据学生的反馈和表现，灵活调整教学方法和内容，以确保教学的有效性和针对性。

七、掌握现代教育技术

在21世纪的教育领域，现代教育技术已经不再是简单的辅助工具，而是成为推动教学质量和效果的关键因素。对于青花线描这一具有深厚文化内涵和艺术价值的课程，掌握现代教育技术显得尤为重要。

现代教育技术为教师提供了更多的教学手段和资源，使得青花线描的教学更加生动、形象。通过多媒体教学软件，教师可以展示丰富的图片、视频和音频资料，让学生在课堂上就能感受到青花线描的独特魅力。直观的教学方式不仅能够激发学生的学习兴趣，还能帮助他们更深入地理解和掌握青花线描的绘制技巧和艺术风格。

除了多媒体教学软件外，教师还可以利用网络资源进行在线教学。通过网络平台，教师可以发布教学视频、在线作业和互动讨论等，让学生在任何时间、任何地点都能进行自主学习。灵活的教学方式不仅能够满足学生的个性化需求，还能培养他们的自主学习能力和创新思维。

现代教育技术也为教师提供了更多的评估和反馈手段，教师可以通过在线测试、学习分析等方式，及时了解学生的学习情况和问题，从而调整教学策略和内容，确保教学的有效性。

然而，掌握现代教育技术并不是一件容易的事情。教师需要不断学习和探索新的教学技术和方法，以适应不断变化的教育环境和学生需求。这要求教师具备创新意识和实践能力，勇于尝试和接受新事物。只有这样，教师才能充分利用现代教育技术提升青花线描课程的教学效果，培养出更多具有创新思维和艺术素养的学生。

因此，在青花线描课程教学中，美术教师掌握现代教育技术不仅是提升教学效果的需要，更是适应时代发展的必然选择。只有不断学习和应用现代教育技术，教师才能在青花线描教学中发挥出更大的作用，为学生的全面发展和艺术素养的提升作出更大的贡献。

八、参与教育研究

随着素质教育的深入推进，小学美术教育在培养学生审美情趣和创新能力方面扮演着越来越重要的角色。其中，青花线描这一中国传统艺术的瑰宝，以其独特的艺术风格和丰富的文化内涵，成为小学美术教育中的重要内容。对于小学美术教师而言，参与青花线描课题教研，不仅是对自身专业素养的提升，更是对教学质量和教育创新的追求。

小学美术教师参与青花线描课题教研，是对中国传统艺术的深入探索和学习。青花线描以其简洁的线条和生动的表现力，展现了中国传统艺术的魅力。通过教研，教师可以更深入地了解青花线描的艺术风格和绘制技巧，从而更准确地向学生传授相关知识。这不仅有助于提升学生对中国传统艺术的认识和理解，更能培养他们的审美情趣和艺术修养。

教研是教师探索如何将青花线描这一传统艺术形式与现代教育理念相结合的过程。在现代教育理念下，我们更加注重学生的主体地位和教师的主导作用。通过教研，教师可以根据小学生的认知特点和兴趣爱好，设计出更符合他们学习需求的教学方法和策略。例如，可以利用多媒体教学资源，展示青花线描的绘制过程和成品效果，激发学生的学习兴趣；组织学生进行小组合作，通过共同探讨和实践，培养他们的创新思维和协作能力。

参与青花线描课题教研也是教师提升自身专业素养和教学能力的重要途径。在教研过程中，教师需要不断学习和研究新的教育理论和教学方法，以适应新时代的教育需求。通过与同行们的交流和研讨，教师可以汲取他人的教学经验，拓宽自己的教学视野，提升自己的教学水平。这不仅有助于教师的个人成长，更能为学生提供更优质的教学服务。

在青花线描课题教研中，教师还可以深入挖掘课题的文化内涵和教育价值。青花线描作为中国传统文化的重要组成部分，其背后蕴含着丰富的历史和文化信息。通过教研，教师可以将这些文化信息融入到教学中，让学生在学习青花线描的也能了解到中国的传统文化和历史。这不仅有助于增强学生的文化传承意识，更能培养他们的民族自豪感和文化自信心。

教师在教研过程中还需要关注学生的学习效果和反馈。通过观察学生的学习过程和作品成果，教师可以及时调整教学方法和策略，以满足学生的学习需求和提高教学效果。教师还可以利用学生的反馈来改进自己的教学方法和态度，从而更好地服务于学生的学习和成长。

九、身心健康管理

在青花线描课程的教学过程中，教师的身心健康是确保教学质量和效果的关键因素。为了保持良好的教学状态，教师必须重视并实践身心健康管理。

身体健康是教师进行教学工作的基础，长时间教学工作，对教师的体能有一定的要求。因此，教师应该注重平时的体育锻炼，增强身体素质。例如，定期进行适量的有氧运动，如散步、慢跑或瑜伽，以增强心肺功能和耐力。力量训练也是必不可少的，它可以帮助教师增强肌肉力量和柔韧性，减少教学中的身体负担。

除了身体健康外，心理健康同样重要。教学工作中的压力和挑战可能会对教师的心态产生影响。为了保持良好的心理状态，教师需要学会调整自己的情绪。当感到压力和焦虑时，可以尝试进行深呼吸、冥想或听轻音乐等方法来放松心情。与家人和朋友交流也是缓解压力的有效途径。他们可以提供支持和鼓励，帮助教师更好地应对教学中的挑战。

另外，合理安排工作和休息时间也是身心健康管理的关键，教师应该避免过度劳累，确保自己有足够的休息时间。在教学工作中，可以适时地安排课间休息或小憩，以缓解疲劳和恢复精力。保持良好的作息习惯，保证充足的睡眠时间，有助于教师以饱满的精神状态投入到教学工作中。

教师应该定期进行身体健康检查，及时发现并处理潜在的健康问题。通过体检，教师可以了解自己的身体状况，及时调整生活习惯和饮食结构，以保持最佳的身体状态。

第三节　青花线描中教师与学生成长的路径

在青花线描课程实践过程中，教师如同一位掌舵人，在知识的海洋中引领学生航行。他们广泛涉猎，与书籍为伴，与同行交流，不断汲取新的智慧和灵感；他们倾听学生的声音，从反馈中雕琢教学方法，于反思中精进教学艺术。而学生则如同勇敢的探索者，在课堂上聚精会神，于活动中热情投入，通过实践锻炼技艺，以创作展现才华，他们在试错中不断成长，绽放出属于自己的光彩。师生携手，共同绘制出一幅幅精美的青花线描画卷，不仅技艺得到了提升，更在心灵深处培养了对传统艺术的热爱与敬畏。

一、青花线描课程中的教师成长

在青花线描课程的教学中，教师通过深入研究青花线描专业书籍、掌握最新教育理念、关注最新研究成果来丰富自己的专业知识，通过教学研讨会、在线交流平台等与同行互动分享经验，通过主持课题研究并应用成果来优化教学方法，通过撰写教学反思和学生反馈来调整教学策略，通过听课评课和专家指导来提升自己的教学能力，还通过参与专业团队来实现教学水平的共同提升，从而走出了一条多元且富有挑战性的成长之路。

（一）自我广泛阅读

在青花线描的教学中，教师的自我广泛阅读不仅是个人成长的基石，更是提升教学质量的关键。广泛阅读不仅涵盖了青花线描的专业书籍，还包括了美术教育教学的相关书籍以及最新的研究材料。

深入研究青花线描的专业书籍，对教师来说至关重要。青花线描作为中国传统艺术的瑰宝，蕴含着深厚的技法、历史和文化内涵。要想更准确地传授这一艺术形式，教师必须首先成为这一领域的专家。通过阅读《青花线描技法详解》《青花线描艺术史》等专业书籍，教师可以系统地了解到青花线描的起源、发展以及其在不同历史时期的风格变化。这些书籍还会详细解析青花线描的各种技法，如线条的表现、构图的原则、色彩的运用等，使教师在实践中能够更有针对性地指导学生。

美术教育教学书籍的阅读也是不可或缺的。现代教育理念的不断更新，要求教师必须与时俱进，掌握最新的教学方法。例如，《美术教育心理学》可以帮助教师更好地理解学生的心理需求，从而设计出更符合学生实际的教学方案；《美术教育方法论》则提供了多种创新的教学方式，使青花线描的教学更加生动有趣。通过这些书籍的阅读，教师能够更加明确自己的教学目标，制订出更为合理的教学计划，进而提升教学效果。

关注青花线描及其教育应用的最新研究成果，是教师保持教学先进性和创新性的重要途径。随着艺术研究的深入，新的理论和实践成果不断涌现。教师可以通过订阅学术期刊、参加学术会议等方式，及时获取最新的研究动态。例如，近年来有关青花线描与现代艺术相结合的研究就颇受关注。了解这些前沿的研究成果，不仅可以帮助教师拓宽教学思路，还可以激发学生的学习兴趣，培养他们的创新思维。

（二）同行交流互动

在青花线描教学中，教师的成长不仅仅依赖于个人的努力和学习，更需要与同行的交流互动。同行交流不仅为教师们提供了一个分享经验、探讨问题的平台，还是提升教学质量、共同进步的重要途径。

参与或组织青花线描教学研讨会，是教师与同行面对面交流的好机会。在这样的研讨会上，来自各地的美术教师可以聚在一起，分享自己在青花线描教学中的心得体会。例如，有的教师可能会分享如何引导学生更好地理解青花线描的技法，有的则会探讨如何将传统艺术与现代教学理念相结合。这些经验的分享，不仅能够帮助其他教师解决在实际教学中遇到的问题，还能够激发新的教学灵感。

在线交流平台的兴起也为教师们提供了更为便捷的交流方式，通过微信群、QQ 群、教育论坛等网络平台，教师们可以随时随地与全国各地的美术教师进行互动。跨越地域限制的交流方式，不仅拓宽了教师们的教学视野，还使他们能够及时了解到最新的教学动态和理念。例如，某位教师在平台上分享了一种新颖的青花线描教学方式，很快就能得到其他教师的反馈和建议，从而不断完善自己的教学方法。

与同行的交流互动，不仅有助于提升教师的教学水平，还能够增强他们的教学热情。在与同行的交流中，教师们可以相互鼓励、相互支持，共同面对教学中的挑战。团队精神和合作氛围，不仅能够提升教师的教学质量，还能够促进他们的个人成长和专业发展。

因此，在青花线描的教学中，与同行的交流互动是教师成长的重要路径之一。通过参与或组织教学研讨会、利用在线交流平台等方式，教师们可以共同提升教学质量、分享教学经验、探讨教学难题，从而实现共同进步和成长。

（三）主持参与青花线描课题研究

在青花线描的教学中，主持和参与课题研究是教师专业成长的重要途径之一。通过积极申报和主持与青花线描相关的课题研究，教师能够更深入地了解青花线描的技法、历史文化以及教育价值，从而提升对青花线描教育的认识和实践能力。

课题研究的过程是一个严谨而富有挑战性的探索过程，教师需要设定明确的研究目标，制订详细的研究计划，并通过收集资料、实地调研、实验教学等多种方式进行深入研究。在这个过程中，教师会不断遇到新的问题和挑战，需要通过自主学习、合作交流等方式寻求解决方案。研究经历不仅能够提升教师的科研能力，还能够培养教师的创新思维和解决问题的能力。

通过课题研究，教师可以更加系统地了解青花线描的艺术特点、文化内涵以及教育价值。课题研究还能够为教师提供与同行交流的机会，促进教师之间的合作与分享。在课题研究中，教师可以结识更多志同道合的专业人士，共同探讨青花线描教育的未来发展方向，从而推动整个领域的进步。

更为重要的是，课题研究不仅仅停留在理论层面，更重要的是将研究成果应用于实际教学中。教师需要将课题研究中所获得的新知识、新方法和新视角融入到课堂教学中，不断优化教学方法和手段。例如，通过研究青花线描的技法特点，教师可以设计出更具有针对性的教学方案，帮助学生更好地掌握青花线描的绘画技巧。教师还可以将青花线描的文化内涵融入到教学中，让学生在学习技法的同时更好地理解和传承中国传统文化。

课题研究还能够为教师提供反思和总结的机会，在课题研究的过程中，教师需要不断反思自己的教学方法和效果，总结经验教训，以便更好地指导未来的教学实践。反思和总结的过程能够帮助教师提升教学水平，促进教师的个人成长和专业发展。

（四）撰写教学反思

在青花线描的教学过程中，撰写教学反思是教师专业成长的关键环节。每节课后，教师应该养成及时撰写教学反思的习惯，这不仅有助于记录教学过程中的亮点和不足，更能为教师提供宝贵的经验总结和改进方向。

教学反思的撰写是一个深入思考和总结的过程。教师在回顾课堂教学时，应该重点关注学生的学习反应、互动情况、技法掌握程度等方面，从中发现教学的成功之处和需要改进的地方。例如，如果学生在课堂上表现出浓厚的兴趣，积极参与互动，那么教师就可以总结出哪些教学方法和手段是有效的，未来可以继续沿用。相反，如果学生在某个环节表现出困惑或无法掌握技法，那么教师就需要深入反思，找出问题的根源，并思考如何在未来的教学中进行改进。

通过撰写教学反思，教师可以不断积累教学经验，提升自己的教学水平。这些反思也可以作为宝贵的教学资源，为教师之间的交流和分享提供有力的支撑。当教师将自己的教学反思整理成文章，与同行分享时，不仅能够促进教学经验的传播，还能够激发更多的教学灵感和创新思维。

除了记录和总结教学经验外，教学反思还能够帮助教师发现自己的不足之处，从而制订出更为明确和有针对性的个人成长计划。例如，如果教师在反思中发现自己对青花线描的某些技法掌握不够熟练，那么就可以利用业余时间进行自学或参加专业培训，以提升自己的专业素养。

教学反思的撰写还能够培养教师的自我监控和自我调节能力。通过不断反思和调整教学策略，教师可以更好地适应学生的学习需求和教学环境的变化，从而确保教学质量和效果。

（五）从学生处获取反馈

在青花线描的教学中，从学生处获取反馈是教师评估教学效果、改进教学方法的重要途径。学生作为教学活动的直接参与者，他们的反馈往往能最直接地反映出教学的实际效果。因此，教师应该重视并善于利用学生的反馈，以便更好地满足学生的学习需求，提高教学质量。

定期进行学生学习情况调查是了解学生反馈的有效方式。教师可以通过问卷调查、面对面交流等方式，收集学生对青花线描课程的看法和建议。这些调查可以包括学生对课程内容的理解程度、对教学方法的接受度、对学习氛围的感受等方面。通过分析这些反馈，教师可以及时了解学生的学习需求和困惑，以便调整教学策略，更好地帮助学生掌握知识。

在调查过程中，教师要注意保护学生的隐私，确保调查结果的客观性和真实性。教师还要善于引导学生表达自己的看法和建议，鼓励他们提出宝贵的意见，以便教师能够更准确地了解学生的学习需求和期望。

通过展示和点评学生的作品，教师也可以了解学生的创作思路和技能掌握情况。青花线描作为一种艺术形式，需要学生具备一定的审美能力和创作技巧。因此，教师可以通过展示学生的作品，观察他们的线条表现、构图布局、色彩运用等方面的技能掌握情况。在点评学生的作品时，教师要注重肯定学生的优点和创新之处，指出他们在创作过程中存在的问题和不足，并提出具体的改进建议。

通过作品展示与点评，教师不仅可以了解学生的技能掌握情况，还可以发现学生的潜力和特长，为他们的个性化发展提供支持。这也是一个促进学生之间相互学习、交流的平台，可以激发学生的学习兴趣和创作热情。

（六）听课评课中汲取别人意见

在青花线描的教学中，听课评课是一种非常重要的学习和提升方式。通过听课，教师可以观察其他教师的教学风格和策略，从中汲取灵感和经验；通过评课，教师可以听取其他教师和专家的宝贵意见，以便改进自己的教学方法。

主动听课是教师专业成长的关键步骤，教师应该积极参加其他教师的青花线描课程，尤其是那些经验丰富、教学水平高的教师的课。在听课过程中，教师要全神贯注，注意观察授课教师的教学方法、课堂管理技巧以及与学生互动的方式。例如，有的教师可能特别擅长引导学生通过观察实物或图片来发现青花线描的韵律美，有的教师则可能更注重通过实践操作来提升学生的绘画技巧。这些不同的教学方法都可以为听课教师提供新的教学视角和思路。听课不仅是为了学习和借鉴，更是为了反思和提升。教师在听课过程中应该不断思考：这些教学方法是否适用于自己的课堂？如何将这些方法融入到自己的教学中？通过这样的反思，教师可以更好地将听课所得转化为实际教学能力的提升。

评课活动是教师之间交流和学习的重要平台。在评课中，教师可以听取其他教师和专家的意见和建议，了解自己的教学优点和不足。评课的过程应该是一个开放、坦诚的交流过程，每个人都应该敞开心扉，真诚地提出自己的看法和建议。通过这样的评课活动，教师可以及时发现并解决自己在教学中存在的问题，从而不断提升教学质量。评课并不意味着批评或指责，而是一种相互学习和共同进步的方式。教师应该以积极的态度参与评课活动，虚心接受他人的意见和建议，并将其作为改进教学的动力。

（七）接受专家指导

在青花线描的教学过程中，接受美术教育专家的指导对于教师的专业成长至关重要。专家们凭借深厚的理论知识和丰富的教学经验，能够为教师提供宝贵的建议和指导，帮助教师提升教学能力，掌握最前沿的教育理念和教学方法。

邀请美术教育专家举办讲座或指导，是教师获取新知识、新技能的重要途径。专家们会分享他们在美术教育领域的最新研究成果和实践经验，从而帮助教师们开阔视野，更新教育观念。在这些讲座中，教师们可以了解到当前美术教育的发展趋势，学习到最新的教学方法和策略，这对于提升教学质量，激发学生的学习兴趣和创造力具有重要意义。

例如，在一次关于青花线描教学的专家讲座中，专家可能会分享如何通过创新的教学手段来引导学生更深入地理解青花线描的艺术特点和文化内涵。他们可能会介绍一些成功的教学案例，展示如何运用现代技术如多媒体教学工具来增强学生的学习体验，或者分享一些有效的课堂管理技巧来提升学生的参与度。

除了讲座之外，与专家建立长期合作关系，定期接受一对一的教学指导，更是教师快速提升教学能力的捷径。在一对一指导中，专家可以根据教师的实际情况和需求，提供个性化的教学建议和解决方案。他们可以帮助教师分析教学中的问题，指导如何设计更有效的教学活动和课堂互动，甚至提供具体的教学资源和工具推荐。

一对一的指导方式不仅能够帮助教师解决具体的教学难题，还能够引导教师进行教学反思和自我评估，从而明确自己的教学风格和优势，找到适合自己的教学路径。通过与专家的深入交流和学习，教师可以更快地掌握教学技巧，提升自己的教学水平和专业素养。

（八）参与专业团队

在青花线描的教学中，参与美术教育专业团队，如名师工作室等，是教师专业发展的重要途径。这样的团队通常由一群志同道合、有丰富教学经验的教师组成，他们致力于共同研讨青花线描的教学策略和方法，分享教学资源，以实现教学水平的共同提升。

加入这样的专业团队可以让教师接触到更多元化的教学理念和策略。团队成员来自不同的教育背景和教学环境，他们各自有着独特的教学方法和经验。通过团队研讨和交流，教师可以了解到更多成功的教学案例和实践经验，从而丰富自己的教学手段和策略。

在团队协作中，教师们会共同制订教学计划、设计教学活动，并相互观摩课堂教学。这样的合作过程不仅能够帮助教师发现自己在教学中可能存在的问题，还能够学习到其他教师的优秀教学经验。团队成员之间的互相鼓励和支持，也能够激发教师的教学热情和创新精神。

利用团队资源共享教学资料和教学经验，是教师参与专业团队的另一大收获。团队成员通常会共享他们的教案、课件、学生作品等教学资源，这些宝贵的资料可以为其他教师提供参考和借鉴。团队成员还会分享他们的教学经验、课堂管理技巧等，这些都可以帮助其他教师提升自己的教学水平。

更为重要的是，参与专业团队可以让教师持续保持学习和进步的状态。在团队中，教师们会不断追求新的教学理念和方法，努力提升自己的专业素养。积极向上的学习氛围可以激励教师不断挑战自己，实现自我超越。

二、青花线描课程中的学生成长

在青花线描课程中，学生通过专注听讲、积极互动以掌握技法与知识，通过参与课堂与校外活动提升兴趣与素养，通过主动实践与创作培养技能与表现力，并勇于尝试与反思，以选择感兴趣的主题自由创作并展示作品，从而实现了全面的艺术成长。

（一）认真课堂学习

青花线描，这一独特的艺术形式，不仅仅是线条的流畅与变化，更蕴含了深厚的历史文化和艺术内涵。对于学习青花线描的学生来说，课堂学习是他们获取这一艺术形式精髓的重要途径。

专注听讲是课堂学习的基础。每当上课铃声响起，学生们便整齐地坐在教室里，全神贯注地倾听老师的讲解。他们知道，青花线描的每一个细节，每一个技法，都承载着深厚的艺术和历史意义。因此，他们不敢有丝毫的懈怠，生怕错过任何一个重要的知识点。

在老师的细致讲解下，学生们逐渐了解了青花线描的起源、发展以及其独特的艺术魅力。他们学会了如何运用不同的线条来表现物体的形态和质感，如何通过线条的粗细、浓淡、疏密来营造独特的艺术效果。他们也深入了解了青花线描在中国传统文化中的地位和影响，进一步加深了对这一艺术形式的理解和认同。

然而，专注听讲并不意味着被动地接受知识。学生们深知，只有积极思考、主动提问，才能更好地理解和掌握青花线描的精髓。因此，在课堂上，他们总是积极与老师互动，提出自己的疑问和看法。

每当有疑问时，学生们会毫不犹豫地举手提问，寻求老师的解答。他们的问题或许是关于技法的运用，或许是关于艺术理论的探讨，但无论问题如何，都体现了他们对青花线描学习的热情和执着。而老师也会耐心地解答他们的问题，引导他们深入思考，进一步加深对青花线描的理解。

除了提问之外，学生们还会在课堂上积极分享自己的看法和感受。他们会结合自己的学习体验和实践经验，谈论对青花线描的独特见解和感悟。分享不仅有助于他们表达自己的思考和感受，还能激发其他同学的学习热情和创造力。

在积极的互动中，学生们逐渐形成了良好的学习氛围和团队精神。他们互相学习、互相启发，共同进步。积极向上的学习氛围不仅有助于他们更好地掌握青花线描的技法和理论知识，还能培养他们的团队协作能力和创新精神。

（二）积极参与活动

在青花线描的学习旅程中，仅仅通过课堂学习是远远不够的。为了更全面地理解和掌握这门艺术，学生们还需要积极参与各种活动，包括课堂活动和校外活动。

课堂活动是学习青花线描的重要组成部分。在这些活动中，学生们有机会将课堂上学到的理论知识付诸实践，通过亲身参与来加深理解。例如，小组讨论活动可以让学生们围绕某个主题或技法进行深入探讨，各抒己见，从而拓宽彼此的视野，激发新的创作灵感。作品展示活动则为学生们提供了一个展示自己才华的舞台，他们可以通过比较和观摩其他同学的作品，发现自己的不足，学习他人的优点。

除了课堂活动外，校外活动同样对学生们的艺术成长具有重要意义。美术展览、艺术节等活动为学生们提供了更广阔的视野和更丰富的艺术资源。在这些活动中，学生们可以接触到更多元化的艺术风格和表现手法，从而激发他们的创新思维和艺术创造力。通过与来自不同背景的艺术家和同行的交流，学生们还可以了解到更多的艺术观点和创作经验，这对于他们的艺术发展无疑具有积极的推动作用。

参与活动不仅能让学生们在实践中提升艺术技能，更重要的是培养他们的艺术鉴赏力和文化素养。通过活动，学生们可以更加深入地理解青花线描的艺术价值和文化内涵，从而增强对传统文化的认同感和自豪感。

参与活动还能锻炼学生们的团队协作能力和社交技巧。在小组讨论、作品展示等课堂活动中，学生们需要学会与他人合作、沟通和协调；而在校外活动中，他们更需要勇敢地走出自己的小圈子，与不同的人建立联系和交流。这些经历不仅能提升他们的综合素质，还能为他们的未来发展打下坚实的基础。

（三）主动艺术实践

在青花线描的学习中，主动艺术实践是至关重要的一环。只有通过不断实践，学生们才能将课堂上学到的理论知识转化为实际的绘画技能，进而提升自己的艺术造诣。

基础练习是艺术实践的起点，对于青花线描而言，线条的流畅度和构图的合理性是基础中的基础。学生们深知，没有扎实的基本功，就难以创作出优秀的作品。因此，他们主动投入到基础练习中，一丝不苟地锤炼自己的技艺。

在练习线条的流畅度时，学生们会反复描绘各种曲线和直线，力求每一笔都稳健而富有韵律感。他们明白，每一条线条都承载着艺术家的情感和思想，是作品生命力的体现。因此，他们不仅仅追求线条的准确和美观，更注重在练习中融入自己的理解和感悟。

构图合理性的练习则更注重整体的布局和审美。学生们会仔细研究经典作品的构图方式，尝试在自己的练习中运用和模仿。他们学会如何运用线条和色彩来营造空间感和层次感，使得作品更加生动和引人入胜。他们也注重在构图中表达自己的创意和情感，让作品更具个性和魅力。

当学生们掌握了基础技法后，他们便开始尝试进行自己的创作。这是一个充满挑战和乐趣的过程。在创作中，学生们可以自由地表达自己的想法和情感，将内心的感受通过青花线描的形式呈现出来。这一创作过程不仅培养了他们的创新思维和艺术表现力，更让他们体会到了艺术的魅力和价值。

在创作过程中，学生们会遇到各种困难和挑战。线条的粗细、色彩的搭配、构图的布局等都需要他们仔细斟酌和反复尝试。但正是这种不断尝试和改进的过程，让他们逐渐找到了自己的艺术风格和表现手法。他们的作品开始变得生动而有趣，充满了独特的个性和创意。

主动艺术实践不仅提升了学生们的绘画技能，更让他们在创作中找到了自我表达和成就感的源泉。他们开始更加热爱青花线描这一艺术形式，也更加珍惜每一次实践的机会。在艺术的道路上，他们不断探索、挑战和超越自己，书写着属于自己的精彩篇章。

（四）自由创作作品

在青花线描的学习中，自由创作作品是学生艺术成长的重要标志。这一阶段，学生们已经掌握了基础技法，并积累了一定的艺术实践经验。他们渴望通过自由创作来表达自己的情感和思想，展现个性和创意。

选择自己感兴趣的主题进行创作是自由创作作品的第一步。每个学生都有自己独特的视角和关注点，他们根据自己的兴趣和经历，挑选出最能触动自己内心的主题。无论是山水、花鸟、人物还是抽象图案，学生们都试图通过青花线描的形式，将自己的感受和思考融入作品中。

在创作过程中，学生们充分发挥自己的想象力和创造力，运用所学的技法和知识，精心构思和描绘每一个细节。他们注重线条的表现力和构图的和谐性，追求作品的完美呈现。他们也敢于尝试新的表现手法和风格，以展现自己的个性和创意。

完成作品后，学生们将自己的作品进行展示和分享。这是一个充满期待和激动的过程。他们将自己的作品呈现在众人面前，接受他人的评价和建议。作品展示不仅是对自己艺术实践的肯定，也是与他人交流和学习的机会。

通过作品展示，学生们能够了解自己的优点和不足，从他人的反馈中汲取经验和教训。他们虚心听取他人的意见和建议，不断反思和改进自己的创作水平，提升艺术造诣，培养沟通能力。

自由创作作品是青花线描学习中的高级阶段，也是学生们艺术成长的重要体现。通过选择感兴趣的主题、自由发挥想象力和创造力、展示和分享作品等过程，学生们不仅提升了自己的绘画技能和艺术表现力，还培养了独立思考和解决问题的能力。他们在艺术的道路上不断探索和前行，用青花线描这一独特的艺术形式诠释着内心的情感和思想。

（五）不断试错进步

在青花线描的艺术探索中，勇于尝试和不断试错是每个学生成长的必经之路。艺术，尤其是传统艺术如青花线描，不仅仅是技巧和手法的累积，更是一种情感和创新思维的融合。在这一过程中，学生们必须摒弃对失败的恐惧，拥抱每一次的尝试和挑战。

勇于尝试新的技法和表现方式，对学生来说，是艺术探索中不可或缺的一环。青花线描虽然有着悠久的历史和固定的技法，但艺术的生命力在于创新。学生们深知，只有敢于突破传统的束缚，才能为自己的作品注入新的活力。他们不再满足于简单地模仿经典，而是开始在创作中融入自己的理解和感悟，尝试用新的线条和构图来传达情感。

勇于尝试的精神，并不意味着盲目冒险。每一次的尝试，都是基于学生们对青花线描技法的深入理解和扎实的基本功。他们在尝试中不断学习，不断调整，以期找到最适合自己的艺术语言。而这种语言，既能够传承青花线描的精髓，又能够展现学生们独特的个性和视角。

然而，在尝试的过程中难免会遇到失败。线条可能不够流畅，构图可能不够和谐，色彩可能不够协调……但学生们并不因此而气馁。相反，他们视失败为宝贵的经验，是通往成功的必经之路。他们知道，每一次的失败，都意味着自己在艺术探索中又前进了一步。

与勇于尝试相辅相成的，是每次创作后的反思与总结。学生们明白，单纯地重复练习并不能带来实质性的进步。只有在每次创作后，静下心来仔细回顾自己的作品，找出其中的不足和需要改进的地方，才能为下一次的创作奠定更坚实的基础。

在反思与总结的过程中，学生们不仅关注技法和手法上的不足，更重视对自己创作理念和审美追求的审视。他们思考如何在作品中更好地融入自己的情感和思考，如何让作品更具深度和内涵。深入骨髓的反思与总结，使他们的艺术造诣在每一次的创作中都能得到显著的提升。

在青花线描的学习旅程中，勇于尝试和反思总结是相辅相成的两个重要环节。它们共同推动着学生们在艺术道路上的不断探索和进步。而这种进步，不仅仅是技法和手法的提升，更是对艺术深层理解和感悟的升华。

通过不断的试错和进步，学生们逐渐找到了自己的艺术语言，形成了独特的艺术风格。他们的作品开始变得更加生动和有趣，充满了无尽的创意和可能性。而这一切，都源于他们在艺术探索中勇于尝试和不断反思总结的精神。试错与修正精神，将伴随着他们在艺术的道路上越走越远，创造出更多令人惊叹的作品。

勇于尝试和反思的精神，也对学生们的个人成长产生了深远的影响。他们开始学会如何面对失败，如何从失败中汲取教训和经验，如何以更开放的心态去接受新的挑战和机遇。这些宝贵的品质，将使他们不仅在艺术领域取得卓越的成就，更在人生的道路上走得更加稳健和自信。

三、青花线描课程中师生携手共同成长

在青花线描课堂上，师生互动频繁、和谐尊重，携手深入探索艺术世界，共同成长，使课堂成为了一个充满活力、创意与尊重的艺术空间，为学生的艺术素养提升和创新思维培养奠定了坚实基础。

（一）青花线描课堂中的教与学互动

青花线描课堂，这不仅仅是一个传授技艺的场所，更是一个师生互动、思想碰撞的艺术殿堂。在这里，教与学的过程变得生动而有趣，充满了无限的可能与探索。

教师，作为课堂的引领者，他们不仅精通青花线描的技法，更对这门艺术有着深厚的情感和独特的理解。他们通过精心设计的教案，将复杂的技

法拆解成简单易懂的步骤，让学生能够循序渐进地掌握。他们还通过实例演示，让学生直观地感受到青花线描的独特魅力。

而学生，则是这个课堂中最具活力和创造力的元素。他们带着对艺术的热爱和对知识的渴望，紧跟教师的步伐，一步步深入青花线描的世界。在学习的过程中，他们不断提问、不断尝试，将自己的感悟和体会及时反馈给教师。

教与学的互动，使得青花线描的课堂变得生动而有趣。教师不再是单向的知识输出者，而是与学生一起探索、一起成长的伙伴。学生也不再是被动的接受者，而是成为课堂的主人，主动参与到学习的过程中。

在师生良好互动中，教师能够及时了解学生的学习情况和问题所在，给予针对性的指导和建议。而学生也能够在实践中不断试错、不断进步，最终掌握青花线描的精髓。良性的互动循环提高了学生的学习效率，让他们的艺术探索之旅充满了乐趣和成就感。

教与学的互动还体现在课堂氛围的营造上。在青花线描的课堂中，教师鼓励学生自由发表观点、互相交流心得。开放、包容的课堂氛围，让学生能够更加自信地展示自己的作品和想法，从而培养他们的艺术表现力。

（二）师生携手探索青花线描艺术世界

在青花线描课程艺术学习中，师生携手探索艺术世界的奥秘成为了一种独特而珍贵的学习体验。这不仅是一次对青花线描艺术的深入探索，更是一次心灵的洗礼和升华。

教师作为艺术世界的引路人，他们深谙青花线描的艺术内涵和文化价值。通过引导学生深入了解青花线描的历史背景、技法特点和审美价值，他们帮助学生打开了一扇通往艺术殿堂的大门。而学生则带着对未知的好奇和对艺术的热爱，紧随教师的步伐，一步步深入探索青花线描的奥秘。

在这个过程中，师生共同挖掘青花线描的深层内涵，感受其独特的艺术魅力。他们一起研究经典作品，从线条的流畅度、构图的合理性以及色彩的搭配等艺术要素入手，逐步加深对青花线描艺术的理解。教师还鼓励学生发挥自己的想象力和创造力，在掌握基础技法的基础上，尝试创作出具有个性和创意的作品。

携手探索的过程充满了挑战与乐趣，学生们在实践中不断尝试、不断创新，将自己的感悟和体会融入到作品中。而教师则在学生的创作过程中给予及时的指导和建议，帮助他们更好地掌握青花线描的技法和表现方式。良性的互动与合作，使得青花线描课堂成为了一个充满创意与活力的艺术空间。

通过这种携手探索的学习方式，学生们不仅深入了解了青花线描的艺术内涵和文化价值，更培养了自己的创新思维和实践能力。他们在教师的引导下逐步形成了自己的艺术风格和审美观念，为未来的艺术发展奠定了坚实的基础。师生协作学习方式也让他们更加珍视与教师的合作与互动，为他们的艺术之旅增添了更多的色彩与乐趣。

（三）师生和谐尊重中共行

在青花线描课程实践中，师生间的关系是如此的和谐与尊重，此种氛围不仅为学生的学习提供了良好的环境，更为他们的艺术成长奠定了坚实的基础。

教师在这里不仅是知识的传授者，更是学生们艺术道路上的引路人和伙伴。他们尊重每一个学生的个性与创意，鼓励学生们大胆尝试、自由表达。在教师的眼中，每一个学生都是独一无二的，他们的作品都蕴含着独特的思想和情感。因此，教师总是以欣赏的眼光来看待学生的作品，给予他们充分的肯定和鼓励。

而学生也对教师充满了尊重和敬仰。他们深知，教师不仅拥有渊博的知识和丰富的经验，更有着对艺术的热爱和追求。学生们虚心接受教师的指导和建议，努力提升自己的艺术素养和创作能力。他们懂得，只有在尊重教师的基础上，才能更好地吸收和掌握青花线描的精髓。

和谐的师生关系为青花线描课堂营造了一个积极、健康的学习氛围。在这里，学生们敢于表达自己的观点和想法，与教师进行深入的交流和讨论。教师也乐于听取学生的意见和建议，不断完善自己的教学方法和内容。互动与合作不仅提升了学生的学习效果，更促进了他们的全面发展。

和谐的师生关系也让学生们在艺术探索的道路上更加自信、坚定，他们知道，无论遇到什么困难和挑战，都有教师可以依靠和咨询。信任和支持让他们更加勇敢地追求自己的艺术梦想，为未来的艺术发展奠定了坚实的基础。

后 记

在这本书的编撰过程中，我们仿佛踏上了一段追溯青花线描艺术历史与探索其未来的旅程。从对小学美术特色课程的定位与追求，到青花线描的传承与创新，再到课程开发与探索，每一步都充满了挑战与收获。

青花线描，这一蕴含着深厚历史文化底蕴的艺术形式，在新的时代背景下焕发出了新的生机。在研发小学艺术青花线描特色课程的过程中，我们深切地感受到了传统文化的独特魅力和孩子们对于艺术的无限热情。孩子们用稚嫩的双手，描绘出了一幅幅充满想象力的青花线描作品，这些作品不仅展示了他们的艺术才华，也让我们看到了传统艺术与现代教育的完美结合。

青花线描不仅仅是一种艺术形式，它更是一种文化、一种精神。在孩子们的手中，它焕发出了新的生命力和创造力。我们希望这本书能够激发更多孩子对青花线描的兴趣和热爱，让他们在艺术的道路上自由驰骋、尽情创造。我们也期待更多的教育工作者能够从中汲取灵感和经验，共同推动小学艺术教育的发展与创新。

在编写这本书的过程中，我们不断地挖掘青花线描的艺术背景与特点，力求将这一传统艺术形式的全貌展现给读者。我们也深入思考了青花线描课程的意义与目的，希望通过这门课程，能够培养孩子们的艺术素养，提升他们的创新能力，更重要的是，让他们在学习过程中感受到传统文化的独特魅力，从而增强文化自信。

在课程的开发与探索章节中，我们详细介绍了青花线描课程的开发原则、步骤和策略。这些内容既是我们实践经验的总结，也是对未来教育者的参考与指导。我们希望通过这些章节，能够为更多的教育工作者提供有益的借鉴，共同推动青花线描艺术在小学美术教育中的发展。

当然，这本书的编撰也离不开我们团队中每一位成员的努力与付出。他们在繁忙的教学工作中抽出时间，共同探讨、研究和撰写，才使得这本书得以顺利完成。在此，我要向他们表示衷心的感谢。

我想说，艺术教育的目的不仅仅是教会孩子们如何绘画，更重要的是通过艺术这一载体，培养他们的审美情感、创新思维和人文素养。希望这本书能够为小学艺术教育的发展贡献一份绵薄之力，也期待更多的教育工作者能够加入到这一事业中来，共同为孩子们的成长和未来添砖加瓦。

当我们回顾整本书的编撰过程时，不禁感慨万分。从最初的构思到最终的成书，我们经历了无数的挑战和磨砺。但正是这些经历让我们更加坚信艺术教育的价值和意义。愿这本书能够成为小学艺术教育领域中的一颗璀璨明珠，为更多的孩子和教育工作者指明前行的方向。